Andreas Hauber

Virtual Reality – dein Tor zu einer neuen Welt

ANDREAS HAUBER

VIRTUAL REALITY

DEIN TOR ZU EINER NEUEN WELT

ISBN 9781977023889
1. Auflage, Februar 2018, Bergisch Gladbach

Für die bessere Lesbarkeit verwende ich in diesem Buch nur die männliche Form, spreche hiermit aber selbstverständlich Leser jeden Geschlechts an.

Imprint: Independently published.
Titelmotiv: Adobe Stock.com, © Sfio Cracho

INHALT

TEIL 1
INTRO – DER HYPE UM VR

INTRO – DER HYPE UM VR

Wir schreiben das Jahr 2017. Das sogenannte Jahr der "Virtuellen Realität". Dieser futuristisch angehauchte Titel erweckt Hoffnungen. Die Erwartungshaltungen sind hoch. Zumindest von den Leuten, die, wie auch ich, in einer "virtuellen Blase" leben. Für uns scheint Virtual Reality längst angekommen zu sein. Wir sind mitten drin. Im wahrsten Sinne des Wortes. Die meisten von uns haben ihre ersten Erfahrungen mit VR bereits vor Jahren gemacht. Wenn ich wetten müsste, würde ich sagen, ein Großteil der Menschen in meinem Umfeld würde die "Toskana Demo" oder den "Epic Coaster" als ihre erste richtige Virtual Reality Experience bezeichnen. Vielleicht war das auch dein erstes Zusammentreffen mit VR. Viele von uns haben den ersten Vorstoß von VR in den 90er Jahren mitverfolgt und sind dem derzeitigen Hype gegenüber auch in einem gesunden Maße skeptisch eingestellt. Auch damals waren die Erwartungshaltungen hoch. Es wurde viel Zeit und viel Geld investiert, bevor die Blase platzte und alles in Vergessenheit geriet bzw. keiner mehr darüber sprechen wollte. Viele Verfechter von VR haben in dieser Zeit ihr Gesicht, ihren Job und viel Geld verloren. Early Adopters waren im Nachhinein die Verlierer.

Aber ist das, was wir derzeit erleben, wirklich ein Hype? Ist das Bild durch unsere eigene Wahrnehmung nicht stark verfärbt? Leben wir selbst nicht in einer anderen Realität? Ich bin immer wieder auf's Neue überrascht, wenn ich im Jahr 2017 Menschen treffe, die noch nie selber eine VR-Brille aufgehabt haben. Zumindest sind wir mittlerweile auf dem Stand, dass die meisten Menschen schon einmal von VR gehört haben. Aber wir alle wissen, dass man jemandem VR nicht erklären kann. VR muss man selbst erlebt haben, um es zu verstehen.

Unfortunately, no one can be told what The Matrix is.
You have to see it for yourself.

Einen großen Beitrag für VR hat Facebook mit Oculus, Samsung mit seiner Gear VR Offensive und Playstation mit seiner konsumentenfreundlichen VR-Brille geleistet. Auch das Google Cardboard ist aufgrund seines Preises leider weit verbreitet. Leider aus dem Grund, da sehr viele Experiences, welche es zu Beginn auf Cardboard zu erleben gab, kein gutes Bild auf VR geworfen haben. Für uns Entwickler war es eine neue Plattform, auf der wir uns austoben konnten. Es gab kaum Regeln, die es zu beachten gab. Wir waren wie Kinder auf einem Abenteuerspielplatz ohne die Aufsicht von Erwachsenen. Und wir haben das zum Teil schamlos ausgenutzt. Was für uns ein Experiment für "Alternative Fortbewegungsmethoden in VR" war, war für den First Time User der Grund, warum er seitdem sofort Übelkeit mit VR in Verbindung bringen wird. Diese Wunden sitzen tief. Es kostet in den meisten Fällen enorm viel Arbeit, jemanden davon zu überzeugen, dass das Problem nicht VR im Allgemeinen, sondern die Anwendung war, die er damals getestet hat. Ein "Approved for First Time Users"– Siegel, welches bescheinigt, dass bestimmte Kriterien für den richtigen Umgang mit VR erfüllt sind, wäre eine gute Idee gewesen (und ist es immer noch). Aber was sind die "richtigen" Kriterien? Was muss beachtet werden? Von welchen "allgemein gültigen Regeln" gilt es Abstand zu halten? Lohnt sich die Entwicklung eines VR Games in finanzieller oder emotionaler Hinsicht? Viele Leute versuchen derzeit auf den "VR-Train" aufzuspringen. Aber ist der Alltag eines VR-Entwicklers wirklich so, wie ihn sich viele Leute derzeit vorstellen? Was ist der Unterschied zu der Entwicklung eines herkömmlichen Computerspiels?

Dieses Buch soll dir Aufschluss über all diese Fragen geben. Es soll dir das Potential von VR verdeutlichen und dir dabei helfen, neue VR-Anwendungen zu konzeptionieren. Es soll einen soliden Überblick über bereits vorhandene VR-Anwendungen geben und dir zeitgleich Denkanstöße für neue und innovative Anwendungsmöglichkeiten geben. Es gibt unendlich viel zu entdecken in dieser neuen, wunderbaren Welt. Die meisten Menschen benötigen lediglich einen kleinen Anstoß, um wirklich zu starten. Außerdem hilft dir dieses Buch durch Hintergrundwissen dabei, zeitfressende und inhaltliche Fehler bei der Entwicklung deiner eigenen VR-Anwendung zu vermeiden.

Eine kleine Anmerkung noch bevor es losgeht: Für eine bessere Lesbarkeit habe ich mich dazu entschlossen, im späteren Verlauf des Buches von einem VR-Game zu reden. Das ganze Buch bezieht sich aber im selben Maße auf jegliche VR-Anwendungen, seien es Games, Experiences, Visualisierungen, Movies oder Applikationen. Die hier vermittelten Grundlagen können auf alle Bereiche der virtuellen Realität angewendet werden. Außerdem habe ich mich für die Ansprache mit "du" entschieden, wie es in der Games-Branche üblich ist.

VR, AR, Mixed Reality

Bevor wir komplett in die Materie einsteigen, sollten ein paar wichtige Begrifflichkeiten geklärt werden. Diese Begriffe werden häufig als Synonym füreinander verwendet. Eine Tatsache, die den meisten Verbrauchern nicht auffällt, dich aber schnell als Laien offenbart, wenn du dich mit anderen Experten unterhältst.

Virtual Reality

Fangen wir mit dem Klassiker an, um den es in diesem Buch auch geht: die Virtual Reality. Als Virtual Reality wird die komplette Ersetzung der realen Welt durch eine virtuelle Welt bezeichnet. Alles, was der User sehen kann, wurde digital erstellt oder verarbeitet.

Augmented Reality

Augmented Reality ist die Erweiterung der realen Welt durch digitale Elemente. Der User sieht zu einem großen Teil weiterhin die reale Welt. Allerdings wird sein Sichtfeld durch digitale Elemente erweitert (augmentiert).

Augmented Virtuality

Als Augmented Virtuality, zu Deutsch erweiterte Virtualität, wird eine Realität bezeichnet, in der reale Objekte oder Personen mit einer virtuellen Welt interagieren. Diese Art der Realität ist derzeit ein wenig in den Hintergrund gerückt. Ein Beispiel hierfür wäre die EyeToy Kamera von Sony oder die Kinect von Microsoft. In beiden Fällen steuern reale Personen mit Hilfe ihres Körpers das Geschehen in der digitalen Realität.

Mixed Reality

Mixed Reality ist einer dieser schwammigen Begriffe, mit denen viele "Experten" um sich werfen, für die aber keiner so wirklich eine richtige Definition hat. Oder jeder hat seine eigene Definition. Ich habe hier schon die kuriosesten Erklärungsversuche gehört, wenn ich einmal genauer nachgefragt habe, was denn unter Mixed Reality genau zu verstehen sei. Das liegt daran, dass Mixed Reality nur ein wissenschaftliches Konstrukt ist, in dem die vier Bereiche Reality, Augmented Virtuality, Augmented Reality und Virtual Reality zusammengefasst werden. Diesen Ausdruck zu verwenden, macht bei Geräten Sinn, die uns erlauben, mit all diesen Bereichen zu interagieren. Ein Gerät mit dem das derzeit (fast) möglich ist, ist die Hololens von Microsoft. Wir können mit ihr die reale Welt erleben. Diese Welt kann durch Hologramme erweitert werden, mit denen wir interagieren können. Durch diese beiden Möglichkeiten ist auch die Augmented Virtuality und die Augmented Reality abgedeckt. Einzig und allein die Virtual Reality ist noch nicht komplett vorhanden. So können wir theoretisch zwar in die virtuelle Realität eintauchen – zum Beispiel indem wir ein 360° Video anschauen, welches komplett bildschirmfüllend ist – durch das geringe Sichtfeld der Hololens ist ein Teil unseres Sichtfeldes aber technisch bedingt immer noch die reale Umwelt und damit laut Definition nicht Virtual Reality, sondern Augmented Reality. Geprägt wurde dieser Ausdruck übrigens von Microsoft, die den frühen Anschluss an VR verpasst hatten und mit "Mixed Reality" wieder vorne mit dabei sein wollten.

HMD

HMD ist die Abkürzung für head mounted display. In Bezug auf dieses Buch geht es um Displays, welche auf dem Kopf des Users befestigt sind und ihm helfen die Virtual Reality zu betreten. Beispiele dafür sind die Oculus Rift von Facebook oder die Vive von HTC.

Als HMD werden auch helmet mounted displays bezeichnet. Diese gibt es in monokularer Ausführung für ein Auge oder in binokularer Ausführung für beide Augen. Sie fallen allerdings unter die Definition der Augmented Reality und sind nicht gemeint, wenn ich in diesem Buch von HMD's spreche.

TEIL 2
HERAUSFORDERUNGEN IN VR

HERAUSFORDERUNGEN IN VR

In einem VR-Game geht es in erster Linie um die Immersion[1]. Wenn der User nicht wirklich das Gefühl hat, in einer anderen Welt zu sein, sind alle anderen Aspekte des Games zweitrangig. Warum sollte sich der Spieler die Mühe des kompletten VR-Setups und dessen Kosten machen, wenn es das Spiel nicht schafft, ihn in eine andere Welt/Situation zu versetzen?

Bei anderen VR-Applikationen steht nicht immer die Immersion an erster Stelle. Schauen wir uns zum Beispiel eine App an, die es dem User ermöglicht, eine Vielzahl an Monitoren im Raum um sich herum anzuordnen. Plötzlich ist es mit relativ geringen Hardwarekosten möglich, enorm viele Daten auf einmal zu betrachten. Dabei spielt es keine Rolle, ob der User 20 Bildschirme haben möchte auf denen unterschiedliche Daten dargestellt werden oder, ob er einen Bildschirm mit 20 Metern Diagonale braucht, um seine Daten im Blick zu haben. Beides ist in VR ohne Weiteres möglich. Oder wir nehmen die bekannte Anwendung Tilt Brush von Google. Immersion ist ein netter Nebeneffekt, der in dieser Software durchaus erreicht werden kann. Aber auch komplett ohne den Aspekt der Immersion bietet diese Anwendung dem User einen großen Mehrwert: mühelos dreidimensionale Zeichnungen in Originalgröße anfertigen zu können, ist etwas, das bisher durch eine klassische Software-Anwendung nicht in diesem Umfang möglich gewesen ist.

VR-Games bei denen es nicht um die Immersion geht, sind in den meisten Fällen VR-Games, welche bereits konzeptionell falsch angelegt wor-

1 Immersion steht hier für das glaubhafte "Eintauchen" in eine virtuelle Welt.

den sind. Wenn es nicht die Immersion ist, bieten diese Spiele in den seltensten Fällen einen Mehrwert, welcher nicht auch ohne VR hätte ermöglicht werden können. Und das zu einem höheren Anschaffungspreis, mit einer deutlich kleineren Zielgruppe und in einem weniger kompetitiven Umfeld. Viele Spieleentwickler haben den Fehler gemacht, ihr klassisches Spiel im Nachhinein durch ein paar Anpassungen in ein VR-Spiel zu portieren. Diese Spiele waren aber nicht grundlegend auf VR ausgelegt und hatten große Schwierigkeiten, den Erwartungen gerecht zu werden. Wie man ein VR-Spiel so entwirft, dass es wirklich auf die Bedürfnisse der Spieler ausgelegt ist, erfährst du in diesem Buch.

Wenn wir uns also einig sind, dass es in erster Linie um Immersion in einem VR-Game geht, ist die nächste Frage, welche Elemente diese Immersion beeinflussen können. Sowohl im negativen, als auch im positiven Sinne. Wir schauen uns im Folgenden diese Aspekte an: Sound, Grafik, Steuerung und äußere Einflüsse. Wichtig dabei zu verstehen ist, dass diese Elemente nicht isoliert, sondern im Zusammenspiel funktionieren. Es bringt wenig, eine Grafik zu haben, welche perfekt auf die Bedürfnisse eines VR-Games angepasst ist, wenn die Steuerung den Nutzer komplett aus der Immersion heraus reißt.

Sound

Als Spieleentwickler schaffe ich es selbst immer wieder, den Sound so lange zu vernachlässigen, bis es fast zu spät ist. Aber gerade der Sound hat eine enorme Wirkung, wenn es um die Immersion in einem VR-Spiel geht. Diese solltest du auf keinen Fall unterschätzen! Der Sound Designer sollte einer der ersten Personen sein, die du dir mit an Bord holst, wenn du mit der Planung deines VR-Spiels beginnst. Wenn du die Auswirkungen einmal selbst testen möchtest, spiele einmal ein paar VR-Games. Du wirst schnell merken, wer diesen Tipp beachtet hat und wer seine Sounds erst ganz am Ende in das Spiel integriert hat.

Wichtig für das Sound Design für VR ist Spatial Audio beziehungsweise 3D Sound. Unser Gehirn erwartet eine Soundkulisse, welche sich real anfühlt und welche zu der Umgebung passt. Dazu gehören auch Eigenschaften, die gerne vergessen werden, wenn es um Sounds geht. Ein gängiger Workflow ist es, sich Soundfiles aus dem Internet zu ziehen, diese in die Szene zu integrieren, eine Musik darüber zu legen und fertig ist das Sound Design. Für eine immersive, lebendige VR-Welt ist das allerdings nicht genug. Jeder Sound sollte einen Ursprung im Raum haben. Wo kommt er her? Wie laut ist er? Ist er plausibel? Wenn ich die virtuelle Welt betrete, muss ich direkt hören, wo sich meine Soundquelle befindet und wie weit diese von mir entfernt ist, selbst wenn ich meine Augen geschlossen habe. Alleine wenn man diese Grundlagen beachtet, kann man bereits sehr imposante Sound-Experiences erschaffen.

Wenn du einen guten Eindruck von immersivem Sound bekommen möchtest, höre dir einmal die kostenlosen Demos der Firma Realspace 3D an[2].

Aber das ist nur der erste Schritt in Richtung Realismus in Bezug auf Audio. Es geht nicht nur darum, dass der Sound eine Position im Raum und eine Lautstärke hat. Für ein möglichst immersives Erlebnis sollte der Sound auch richtig mit der Umgebung interagieren. Jede Oberfläche in der Realität hat eine physikalische Wirkung auf akustische Signale. Diese Eigenschaften werden leider in den meisten Spielen bisher komplett vernachlässigt oder lediglich angetäuscht. Es gibt Oberflächen, die einen Großteil des Sounds absorbieren, der auf sie trifft, zum Beispiel Styropor. Außerdem gibt es Oberflächen, an denen der Sound abprallt, wie zum Beispiel Keramikfliesen in einem Bad. Jede einzelne Oberfläche sollte im Idealfall, je nach ihrer Beschaffenheit, anders auf einen Sound reagieren. Nvidia ist beispielsweise ein Vorreiter, was die physikalische Berechnung von Sound in Echtzeit angeht. Wer sich einmal ein Bild davon machen möchte, kann einfach bei YouTube nach "VR Works Audio"[3] suchen. In

2 https://realspace3daudio.com/

3 https://www.youtube.com/watch?v=Ozhywx2YbzM

diesen Videos wird die Funktionsweise und die Wirkung dieses Effektes sehr gut verdeutlicht.

Auch die Hardware-Industrie hat die Relevanz von immersiver 3D-Audio-Technologie erkannt. Es gibt viele Hersteller, die an neuen und innovativen Systemen arbeiten. Auch die VR-Brillenhersteller arbeiten eng mit spezialisierten Firmen aus dem Audiobereich zusammen. Es ist kein Zufall, dass die aktuellen Versionen der führenden VR-Brillen alle in Kombination mit eigenen Audiosystemen erhältlich sind.

Zusammenfassung: Sound spielt eine wichtige Rolle, wenn es um die Immersion deines VR-Spiels geht. Um einen möglichst realistischen Eindruck zu erhalten, solltest du nicht nur die Lautstärke und deren Verfall über die Distanz beachten. Auch der Herkunftsort, das physikalische Berechnen der Umgebung und die verschiedenen Oberflächenstrukturen spielen eine wichtige Rolle.

Grafik

Da Grafik ein sehr subjektives Kriterium ist, fällt es hierbei nicht so leicht, konkrete Aussagen zu treffen wie bei dem Thema Sounddesign. Damit sich ein Erlebnis für uns in VR real anfühlt, ist es nicht zwingend notwendig, dass die Grafik real aussieht. Es gibt Experiences, welche weit davon entfernt sind, real zu sein. Wenn das komplette Setting zu dem Surrealismus passt, sowohl visuell als auch audiovisuell, so kann für den User trotzdem eine Experience entstehen, welche in sich stimmig und immersiv ist. Wichtig ist hier also weniger der Grad des Realismus, als die Stimmigkeit der gesamten Experience. Dennoch gibt es ein paar Dinge, die ich dir gerne mit auf den Weg geben möchte, wenn es um die grafische Ausarbeitung deiner VR-Experience geht. So kannst du sicherstellen, dass dein Content auch visuell den bestmöglichen Eindruck liefert.

Da VR-Experiences durch die Tatsache, dass das Bild (in der Theorie zumindest) 2 Mal gerendert werden muss (1 Mal pro Auge), einen deutlich höheren Anspruch an die Grafikkarte haben, muss hier besonders auf die Performance geachtet werden. Es gibt glücklicherweise Techniken, welche diesen Prozess deutlich beschleunigen können. Zum Beispiel das instanced stereo rendering der Unreal Engine 4.

VR-Games benötigen auch eine deutlich höhere FPS-Anzahl (Frames per second steht für die Bildwiederholungsrate) als "klassische" Games. 90 bis 120 FPS werden hier, je nach verwendetem System, gefordert. Niedrigere FPS sind zwar möglich, erzeugen bei dem User aber sehr schnell ein Unwohlsein. Eine bekannte Nebenwirkung von VR, die auf jeden Fall vermieden werden sollte.

Wenn bei einer VR-Experience die FPS-Zahl fällt, kommt es schnell zu einem sogenannten "Nachzieheffekt". Aus biologischer Sicht ist das ein Effekt, welcher von unserem Gehirn mit einer Lebensmittelvergiftung assoziiert wird. Dem Körper wird also vorgegaukelt, er hätte etwas gegessen, was einen negativen Einfluss auf seine Wahrnehmung hat. Die Reaktion darauf ist Unwohlsein und das Verlangen zu erbrechen, um die Giftstoffe wieder aus dem Körper zu bekommen. Keine Erfahrung, die der User mit deinem Spiel in Verbindung bringen sollte. In den meisten Fällen liegt eine niedrige FPS-Zahl nicht am Code des Spiels, sondern an der Grafik. Um immer einen guten Überblick über den aktuellen Status zu haben, solltest du in regelmäßigen Abständen dein Spiel analysieren lassen. Das geht mit Hilfe von Profiler-Programmen, welche dir detaillierte Auflistungen deiner Spieldetails geben.

Zusammenfassend ist Folgendes festzuhalten: Die Grafik muss zum Spiel passen. Sie ist in den meisten Fällen dafür verantwortlich, wenn das Spiel nicht flüssig dargestellt werden kann. Wird dein Spiel zu langsam dargestellt (zu niedrige FPS), so wird es den Usern schnell schlecht werden. Ein Effekt, der besonders bei schnellen Spielen auffällt.

Wenn du merkst, dass die Grafik die Engstelle in deinem Spiel darstellt, hast du im folgenden verschiedene Ansatzpunkte, die dir dabei helfen werden, dein Spiel zu optimieren.

Texturauflösung

Wie bei der klassischen Spieleentwicklung auch sollten deine Texturen alle eine "Power of Two" haben. Das bedeutet, dass deren Auflösung ein Mehrfaches von 2 ist (4/8/16/32/64/128/256...). Du ermöglichst es der Game Engine[4] dadurch automatisch, "Mip Maps" zu generieren und so niedrig aufgelöste Texturen zu generieren, je weiter die Textur von der Kamera entfernt ist. Diese Funktion ist ein wichtiger Grund dafür, dass Computerspiele überhaupt flüssig dargestellt werden können. Bedenke bei deinen Texturen aber, dass es für ein aktuelles VR-Game nicht zwingend notwendig ist, immer gestochen scharfe Texturen zu haben. Denn machen wir uns nichts vor, die Auflösung einer aktuellen VR-Brille ist bei Weitem nicht hoch genug, um den Detailreichtum einer 4k Textur gestochen scharf wiedergeben zu können. Im Gegenteil, die Texturen wirken schnell sehr unruhig, wenn sie zu viele Details besitzen. Versuche kleine Details, wo es geht, zu vermeiden. Sie sind sehr anstrengend zu betrachten, ermüden schnell das Auge und benötigen eine zu hohe Auflösung, die in VR noch nicht sauber dargestellt werden kann. Für das Auge ist es viel angenehmer, Farbflächen zu betrachten, die darüber hinaus noch durch einen Farbverlauf unterstützt werden können. Wenn du möchtest, dass dein User später eine längere Zeit in deiner Experience verbringen kann ohne, dass seine Augen schnell ermüden, versuche mit größeren Farbflächen und weniger feinen Details in deinen Texturen zu arbeiten.

Mögliche Texturen

Die meisten Texturen kannst du von deinem klassischen Workflow übernehmen. Es gibt lediglich ein paar wenige Ausnahmen, die selten zum Tragen kommen. Wichtig ist, dass du häufig in VR testest und schaust, ob die Textur einen visuellen Unterschied macht, der auch in VR gut erkennbar ist. Auch hier möchte ich noch einmal auf die Texturauflösung zurück

4 Eine Software, mit deren Hilfe du dein Game zusammenbauen kannst. Einige der bekanntesten Game Engines sind "Unity", "Unreal" so wie die "CryEngine".

kommen. Häufig macht eine "roughness Map" zwar Sinn, es reicht aber meist auch, sie in 1/4 der Auflösung der Basecolor zu verwenden. Dasselbe gilt natürlich auch für alle anderen Maps, die in deinem Game zur Verwendung kommen.

Transparency Map

Eine der teuersten Texturen ist die Textur zum Steuern der Transparenz. Gerade wenn viele dieser transparenten Stellen hintereinander liegen, kann es schnell zu starken Performance-Einbrüchen kommen. Das ist zum Beispiel bei Foliage oder Partikeln häufig der Fall. Versuche, die benötigte Fläche der Transparenz so gering wie möglich zu halten. Arbeite stattdessen lieber mit einem etwas höheren Polycount. Geometrie ist in den meisten Fällen deutlich performanter als zu große transparente Flächen.

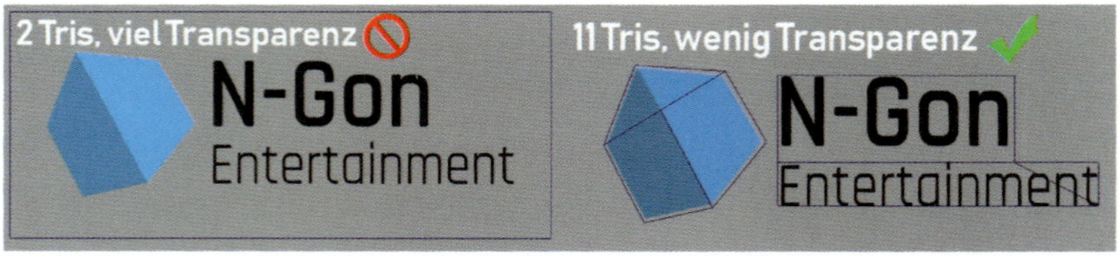

Shader

Fortgeschrittenere Shader Methoden wie das Parralax occlusion Mapping (PoM), bei dem durch das Verschieben der UV's ein Eindruck von Tiefe entsteht, sind häufig ungeeignet für VR. Teste deine eigenen (oder gekauften) Shader frühzeitig, um später böse Überraschungen zu vermeiden. Es macht wenig Spaß nach wochenlangem Aufsetzen eines Master Materials festzustellen, dass der Shader nicht für VR geeignet ist.

Außerdem kannst du einiges an Performance einsparen, indem du Master Materials nutzt, welche genau auf deinen Usecase angepasst sind. Wenn du für deine Assets keinen Slot für eine Displacement Textur benötigst, verzichte in dem Shader auf sie. Auch ein leerer Slot muss berechnet werden und sorgt bei entsprechender Anzahl für Performance-Einbrüche.

Normal Maps

Normal Maps wurden entwickelt, um Performance zu sparen. Sie sind in Computerspielen kaum noch wegzudenken. Der Grundgedanke einer Normal Map ist die Tiefen- und Höheninformationen eines hochaufgelösten Meshes in einer Textur zu speichern und diese dann auf ein niedrigaufgelösteres Mesh zu legen. Das spart einiges an Performance. Sobald ein Lichtstrahl auf das Modell trifft, wird in der Normal Map geschaut, welcher Wert an der Stelle abgespeichert ist. Der Strahl wird entsprechend umgeleitet und muss nicht neu berechnet werden. Optisch hat man so das Ergebnis eines hochaufgelösten Meshes zu den Kosten eines niedrigaufgelösten.

Jetzt kommen wir aber zu dem Knackpunkt des Ganzen. In VR hat der User plötzlich 2 verschiedene Kamerawinkel (linkes und rechtes Auge) aus denen er das Modell betrachtet, nicht mehr einen einzigen, wie es bei klassischen Anwendungen der Fall ist. Die optische Illusion, welche durch eine Normal Map erzeugt wird, fällt auf. Das Modell wirkt plötzlich viel flacher, die Tiefenwirkung geht, je nach Modell, zum Teil komplett verloren. Performancetechnisch macht eine Normal Map immer noch Sinn. Die Frage ist aber, ob sie auch noch aus ästhetischen Gründen Sinn macht. Als Faustregel lässt sich sagen, dass du bei VR-Anwendungen mehr Detail modellieren solltest, als es bei “Nicht VR-Anwendungen” der Fall ist. Größere Features, die man bei einer klassischen Anwendung in eine Normal Map baken würde, kommen gerade bei einer VR-Anwendung häufig deutlich besser zur Geltung, wenn du ein wenig mehr Geometrie für diese Stellen verwendest.

GUI- und Interface-Elemente

Wenn GUI (Graphical User Interface) Design bereits bei klassischen Games eine Herausforderung darstellte, so erst recht bei VR-Anwendungen. Wo wird das GUI platziert? Wie wird es dargestellt? Wie kann der User damit interagieren?
Klassische GUI Designs basieren sehr häufig auf Text. Aber Text in VR ist meistens nicht die beste Lösung. Das Hauptproblem daran ist derzeit die geringe Auflösung der meisten VR-Brillen. Lange Texte lesen zu müssen, erfordert einiges an Anstrengung und ermüdet die Augen sehr schnell.

Zur "richtigen" Position eines GUI's in VR gibt es bereits mehrere Studien. Hierbei ist aber zu beachten, von welcher Art GUI hier die Rede ist. Ist es ein GUI, das einfach über das Sichtfeld des Spielers gelegt wird? Für VR ist das in seltenen Fällen eine gute Lösung. Einen Teil im Bild zu haben, der fixiert ist und immer mit der Kopfbewegung des Users mitgeht, zerstört die Immersion in den meisten Situationen. Eine Ausnahme würde zum Beispiel eine Konstruktion darstellen, welche dem Helm von Ironman nachempfunden ist. Hier würde es Sinn machen, wenn Elemente des GUI auf die Innenseite des Helms projiziert werden und immer der Kopfbewegung des Spielers folgen. Auch bestimmte Bauteile des Helmes wären immer im Blickwinkel des Spielers zu sehen. In diesem Fall könnte diese Art von GUI die Immersion sogar noch positiv beeinflussen und gleichzeitig die Gefahr von Motion Sickness verringern. (Siehe Kapitel "Motion Sickness")

Meistens ist man in VR-Anwendungen allerdings deutlich besser beraten, wenn man sich von dem Grundgedanken des "klassischen" GUI Designs komplett löst und sich Gedanken macht, wie bestimmte GUI-Elemente in das Spiel integriert werden können. Vor allem in VR gilt: je weniger GUI-Elemente benötigt werden desto besser.

Die Munitionsanzeige einer Waffe könnte auf einem digitalen Display auf der Waffe angebracht werden. Die Gesundheit des Spielers ist auf einer Smartwatch auf seinem Arm abzulesen und ob noch Platz im Inventar des Spielers ist, erfährt man, indem man einen Blick in seinen Rucksack wirft, der auf dem Rücken befestigt ist. Ziel ist es, auf so viele GUI-Elemente wie möglich zu verzichten, ohne den Spielspaß zu gefährden. Die wenigen elementaren GUI-Elemente, die dann noch verbleiben, sollten so gut es geht in das Spiel integriert werden. Das Ziel ist erreicht, wenn die GUI-Elemente nicht mehr als solche wahrgenommen werden. Sie müssen sich in ihrer Umgebung natürlich anfühlen und den Spieler bei seinem Erlebnis unterstützen.

Das Inventar des Users fällt in dieselbe Kategorie. Auch hier bist du häufig besser beraten, wenn du von einer klassischen "2D-Darstellung" Abstand nimmst. Du solltest dich auch hier wieder fragen, was wirkt für den Spieler in dieser Situation am natürlichsten? Wie kannst du die Immersion deines Games steigern? Viele VR-Games lösen die Inventarproblematik bisher mit klassischen 2D Listen. Warum? Es ist einfach. So wurde das Problem die letzten Jahrzehnte auch erfolgreich gelöst. Die meisten Funktionen gibt es hierfür schon. Man wählt einfach aus einer Liste das gewünschte Item aus. Aber ist das immersiv und fühlt es sich natürlich an? Wahrscheinlich nicht. Man steht in einer virtuellen Umgebung und zeigt mit einem Laserstrahl (der in den meisten Fällen nicht zu dem restlichen Setting des Spiels passt) auf einen Absatz in einer Liste aus viel zu vielen Worten, die man wegen der Auflösung wahrscheinlich sowieso nicht so genau lesen kann. Hier kommst du als Entwickler ins Spiel. Mach dir Gedanken, was gut zu deinem Game passen könnte. Wie lösen andere Spiele diese Thematik? Wie wurde es früher gelöst? Wie würde man es in der Realität lösen?

Es gibt bereits einige Ansätze, die sehr gut funktionieren. So könnte der Spieler einen Rucksack auf seinem Rücken haben, in dem seine ganzen Items gelagert sind. Natürlich bietet der Rucksack nicht unendlich viel Platz. Mit zu vielen Items würde es schnell unübersichtlich werden, aber so ist das in der Realität auch. Du kannst nicht mehrere hundert Gegenstände in deinem Rucksack mit dir herumtragen und dann noch hoffen, genau das eine Item, welches du jetzt gerade benötigst, schnell zu finden. Wenn es wichtig ist, dass der Spieler die Items schnell finden kann, solltest du dir überlegen, wie du ihm dabei behilflich sein kannst. Vielleicht gibt es nur eine begrenzte Anzahl an Gegenständen, die der Spieler einsammeln kann? Oder der Rucksack hat nur eine begrenzte Anzahl an Fächern?

Klassische Menü-Buttons können (und sollten, wenn möglich) in VR auch ersetzt werden. Schöne Beispiele für eine gelungene Umsetzung finden wir in dem Game “Rick & Morty VR”. Der Spieler muss zu Beginn des Spiels seine Spielergröße einstellen. Das macht er nicht in einem Menü, sondern durch ein Gerät, das den Spieler schrumpfen lassen kann oder ihn vergrößert. Um in das Level zu gelangen, legt er eine CD in ein Laufwerk und drückt den Play-Button des Geräts. Kommt er einmal nicht weiter, hilft ihm ein Blick auf seine digitale Armbanduhr und wenn er das Spiel verlassen will, drückt er einen Knopf, mit dem sich ein kleines Portal öffnet. Aus dem Portal reicht ihm eine Zunge einen Burrito. Wenn der Spieler diesen isst, erscheint die Frage, ob er das Spiel wirklich verlassen möchte. Erst wenn er den Burrito erneut isst, wird das Spiel beendet und er kommt zurück in das Hauptmenü. Auch das Spiel “Skyworld” von Vertigo Games ist ein gutes Exempel, wenn es darum geht, anschauliche Menüs für VR zu designen.

Du merkst, das Design eines VR-Games ist nicht so einfach und benötigt im Vorfeld einiges an Planung. Wenn du diese Überlegungen aber schon früh am Anfang machst, wirst du dir später enorm viel Arbeit sparen können. Wenn das halbe Game bereits fertig ist, wird der benötigte Aufwand für Änderungen exponentiell steigen und das Ergebnis wird sich am Ende nicht so stimmig anfühlen, wie wenn von Anfang an klar festgelegt ist, auf welche Details es zu achten gilt. Außerdem wirst du in der Lage sein, deinen Usern ein besseres Gameplay zu bieten, als es bei den meisten VR-Games derzeit der Fall ist. Die Arbeit lohnt sich also.

Steuerung

Das Wichtigste, was eine gute Steuerung in VR ausmacht? Sie muss intuitiv sein. Der User darf im Idealfall nicht darüber nachdenken müssen, welche Taste er drücken muss, um das gewünschte Resultat zu erzielen. Und das, wenn möglich, direkt von der ersten Minute an. Unabhängig von der gewählten Steuerung solltest du dir im Klaren sein, dass wir in VR, neben den unten aufgelisteten Herausforderungen, auch noch ein ganz anderes Problem meistern müssen. Im Gegensatz zu klassischen Games haben wir keine direkte Kontrolle mehr über die Spielerkamera. So können wir dem Player zwar sagen, dass er nicht über eine bestimmte Grenze hinaus laufen darf, wir können den User aber nicht daran hindern, durch die Möglichkeiten eines VR-Headsets einfach durch Objekte durch zu laufen. Er kann so zum Beispiel einfach durch eine Wand laufen, anstatt zu versuchen, die Tür zu öffnen. Er kann sich in einem Multiplayer-Game einfach in einer Kiste verstecken, in der ihn niemand finden kann oder er hat seine Play Area so eingestellt, dass er plötzlich einen Meter über dem Boden schwebt und dadurch allen Fallen ausweicht. Es gibt unzählige Ansätze, wie du als Entwickler etwas dagegen unternehmen kannst. Wichtig ist nur, dass dir diese Möglichkeiten der User bewusst sind. Hier sind ein paar Ansatzpunkte, welche dir helfen können, diese Probleme zu meistern.

Eine Option, die du als Entwickler hast, ist es, den Spieler zurück zu teleportieren, wenn er eine bestimmte Grenze überschreitet. Hier hast du allerdings schnell das Problem, dass sich der User in einer Ecke seines realen Raumes "einsperrt" und nicht mehr weiter spielen kann.

Alternativ kannst du das Bild auch in Schwarz ausfaden lassen. Das ist eine gängige Methode, die auch sehr gut funktioniert. Allerdings ist die Integration etwas aufwändiger. Oder du wählst die Variante, in der die Kamera des Spielers einen Kollider hat und an Hindernissen hängen bleibt. Auch, wenn diese Methode gut funktioniert und einigermaßen "realistisch" ist, so hat sie doch den Nachteil, dass es den Usern schnell unwohl werden kann, da wir auch hier wieder die selben Probleme haben, wie noch im Kapitel "Motion Sickness" beschrieben wird.
Nachdem wir uns nun erste Gedanken um die Steuerung der Kamera gemacht haben, schauen wir uns auf den folgenden Seiten verschiedene Modelle der Steuerung an. Diese fangen einfach an und steigern sich in ihrer Komplexität.

Gaze Control

Bei der Gaze Control werden Events durch das bloße Anschauen ausgelöst. Entweder direkt oder aber, in den meisten Fällen, durch einen zeitverzögerten Auslöser. Das hat den Vorteil, dass keine weiteren Controller benötigt werden. Aus dieser Not heraus wurde diese Art der Steuerung auch entwickelt. Der große Vorteil ist, dass der User keinerlei Controller benötigt. Gerade wenn es in deinem Spiel nur sehr wenig Interaktionsmöglichkeiten gibt, kommst du auch mit einem "unpassenden" Setting auf ein gutes Ergebnis. Sobald der User aber mehrere Interaktionen pro Minute ausführen muss, wird es schnell sehr mühsam und du solltest dir über alternative Steuerungen Gedanken machen. Jeder, der schon einmal Texteingaben mit einer Gaze Control gemacht hat, weiß wovon ich rede. Wirklich immersiv ist dies in den meisten Fällen allerdings nicht. Denn wo in der Realität aktiviert man (heutzutage) etwas durch reines Ansehen? Eventuell arbeitest du an einem futuristischen Titel, bei dem es ganz normal ist, Dinge durch reine Augensteuerung zu betätigen. Dadurch könntest du die Immersion erhöhen. Wenn du aber ein Setting hast, welches nicht zu dieser Art der Steuerung passt, sollte es gut überlegt sein, diese Art der Steuerung zu verwenden.

Gamepad Steuerung

Viele User von VR-Anwendungen sind (noch) Gamer. Gamer sind häufig mit diversen Controllern aufgewachsen und in der Lage, diese vollkommen blind zu betätigen. Eine beeindruckende Fähigkeit, welche aber nicht von einem "gewöhnlichen" User verlangt werden kann. Auch wenn die Steuerung in deinem Spiel durch Grafiken oder sogar 3D-Modellen erklärt wird, fällt es neuen Usern sehr schwer, die richtigen Knöpfe direkt blind zu treffen. Von zu vielen Knöpfen sollte ebenfalls abgesehen werden. Klassische Spielecontroller haben häufig mehrere Knöpfe nah beieinander, um dem Spieler die Möglichkeit zu geben, schnell verschiedene Aktionen auszuführen. Wenn es dein Spiel zulässt und es mit wenig Aktionen auskommt, könnte es eine Überlegung sein, Knöpfen, die nah beieinander liegen und die man häufig aus Versehen vertauscht, dieselbe Funktion zu geben. Neue User werden so weniger frustriert und kommen schneller mit der Steuerung zurecht. Überfordere deinen neuen User nicht mit zu vielen Möglichkeiten auf einmal. Führe ihn langsam an deine Steuerung heran. Du solltest nicht von Anfang an alle Knöpfe und Funktionen deines Spieles verwenden, sondern diese nach und nach in das Spiel integrieren. Der User bekommt so die Möglichkeit, nach und nach die Steuerung zu lernen und "blind" zu meistern.

Eine kabellose Lösung ist für die Immersion in den meisten Fällen zu empfehlen. Selbst wenn es sich um eine "seated experience" handelt, also eine Experience, die der User im Sitzen erlebt. In VR gibt es (noch) genug Kabel an der Hardware und die Immersion ist nicht das Schlimmste, was dadurch zerreißen kann. Eine kabelgebundene Lösung empfiehlt sich, wenn du deine Anwendung auf einer Messe ausstellen möchtest. Hier gibt es sehr viele Signale, welche die Funkverbindung stören. Außerdem musst du regelmäßig die Batterien des Controllers austauschen und es besteht die Gefahr, dass der Controller einfach mitgenommen wird, wenn du nicht aufpasst. Es gibt auch bereits Stühle, in die die Kabelführung komplett integriert ist. Dadurch kannst du dich auch mit kabelgebundenen Varianten frei in alle Richtungen drehen. Diese Stühle können zum Teil auch durch einen Motor erweitert werden, der den Stuhl automatisch dreht, wenn der User in eine bestimmte Richtung schaut.

Aber selbst wenn all diese Punkte beachtet worden sind, solltest du dir die Frage stellen, ob der Controller auch zu deiner Experience passt. Ein Gamepad in der Hand zu halten, während man in VR einen Rennwagen fährt, fühlt sich nicht richtig an. Ebensowenig, wenn die Pistole mit Hilfe eines Joysticks auf den Gegner gerichtet wird. Das heißt aber nicht, dass ein Gamepad komplett ungeeignet für ein immersives Erlebnis ist. Im Gegenteil, es kann die Immersion sogar noch deutlich verstärken, wenn es zu der Experience passt.

Stelle dir folgendes Szenario vor: du sitzt mit deiner Oculus Rift vor deinem PC. Nachdem du dir das HMD aufgesetzt hast, schnappst du dir den Controller. Nun befindest du dich in einem virtuellen Zimmer. Vor dir auf einem Tisch befindet sich eine digitale Version deiner Oculus Kamera. Sie steht an derselben Stelle wie in der Realität und in deiner virtuellen Hand ist genau derselbe Controller, den du in echt auch in der Hand hältst. Mit dem virtuellen Controller steuerst du einen virtuellen Charakter auf dem virtuellen Bildschirm, welcher sich vor dir befindet. Nach wenigen Minuten hat dein Bewusstsein komplett vergessen, dass die Welt, in der du auf dem virtuellen Stuhl hockst, nicht real ist. Immerhin spürst du ja den Controller eins zu eins, wie du es von der Realität auch gewohnt bist. Und plötzlich passiert etwas in diesem virtuellen Raum, während du in Gedanken noch komplett auf das virtuelle Spiel in der virtuellen Welt fixiert bist. Das ist Immersion! Allerdings haben wir hier immer noch das Problem, dass der Controller nicht in VR getrackt wird. Es kann lediglich angenommen werden, wo sich der Controller in VR gerade befindet, wenn du keine zusätzlichen Tracker verwenden möchtest.

Motion Controller

Anders als bei einem Gamepad, bieten Motion Controller die Möglichkeit, komplett im Raum lokalisiert zu werden. Sie haben die gleichen Sensoren wie das Headset und kommen in den meisten Fällen auch direkt mit dem Headset mitgeliefert. Motion Controller unterscheiden sich im Design deutlich von dem eines klassischen Gamepads. Die Knöpfe sind so angeordnet, dass sie auch "blind" leicht zu treffen sind. Jedem Knopf kann eine bestimmte Funktion zugeordnet werden. So gibt es beispielsweise einen Grip Button, mit dem man Gegenstände greifen kann. Da eben diese Bewegung in VR sehr wichtig ist, gibt es hier viele verschiedene Entwicklungen, welche versuchen, diese Bewegung möglichst intuitiv zu ermöglichen. Du wirst es wahrscheinlich nicht schaffen, dass sich jeder Gegenstand in VR auch natürlich anfühlt. Dein Ziel als Entwickler ist es aber, dafür zu sorgen, dass sich die meisten Gegenstände in deinem Spiel, zumindest aber die, mit denen der Spieler häufig interagiert, natürlich anfühlen.

Mache dir ausgiebig Gedanken darüber, wie der Spieler mit den Gegenständen interagieren soll. Viele Leute kommen zum Beispiel nicht sehr gut mit den Grip Controllern der ersten Vive Generation zurecht. So würde es zwar theoretisch Sinn machen, die Grip Controller zu verwenden, um eine Waffe aufzuheben, vom Gameplay fühlt es sich aber eventuell besser an, den Drücker auf der Rückseite des Controllers zu verwenden. Für einen Bogen macht das durchaus Sinn und fühlt sich intuitiv an. Was aber machst du, wenn der Rear Trigger eigentlich – wie es bei einer Handfeuerwaffe der Fall ist – dafür gedacht ist zu schießen? Verwendest du dann doch die Grip Buttons? Oder benutzt du den Trigger nur das erste Mal, um die Waffe aufzuheben und danach wird der Trigger verwendet, um zu schießen? Aber wie lässt du die Waffe dann wieder fallen? Automatisch, nachdem das Magazin leer ist? Oder vielleicht durch einen Klick auf den Grip Button? All das sind nur ein paar Möglichkeiten, die dir als Entwickler zur Verfügung stehen. Allerdings solltest du dein Interaktionsmodell ausgiebig und mit möglichst vielen Probanden frühzeitig testen. Nur weil DU gut damit zurecht kommst, heißt es noch lange nicht, dass es deinem Zielpublikum ebenso leicht fällt. Nichts ist als Entwickler unbefriedigender, als nach einem halben Jahr Entwicklung das Interaktionsmodell noch einmal umstellen zu müssen. Abgesehen davon, dass dabei ja auch einiges an Zeit verloren geht. Wenn du dich wirklich nicht zwischen zwei Varianten entscheiden kannst, biete deinen Usern zu Beginn des Spiels die Wahl an. Im Anschluss kann man das Interaktionsmodell immer noch in den Optionen ändern. So hast du aus der Not ein weiteres Feature gemacht und potentiell eine größere Userbase, die mit deinem Interaktionsmodell zurecht kommt.

Was dir bei deiner Entscheidung auch viel helfen wird, sind andere VR-Games. Spiele so viele VR-Games wie möglich und achte darauf, wie andere Entwickler das Problem der Steuerung angegangen sind, oder es sogar gelöst haben. Was fühlt sich bei diesen Games gut an? Warum fühlt es sich bei diesen Games gut an? Würde das auch bei deinem Spiel funktionieren? Es ist überhaupt nichts Falsches daran, von anderen VR-Games "abzuschauen". Wir alle sind gemeinsam an der Entwicklung beteiligt und jeder trägt seinen Teil dazu bei.

Auch über das Aussehen der Controller solltest du dir Gedanken machen. Wann sind diese sichtbar? Verschwinden sie, wenn du etwas aufhebst und tauchen danach dann wieder auf? Erscheint ein Effekt während dieses Vorgangs oder passiert es direkt? Gibt es einen "Ghost Modus"[5], wenn die Controller mit etwas kollidieren oder sich mit etwas überschneiden? Und wie sehen sie aus? Haben sie die Standard-Skin und die Standardform? Oder sind sie speziell an dein Game angepasst? Du kannst natürlich das komplette Mesh der Controller anpassen. In den meisten Fällen hilft es aber auch schon, wenn du lediglich die mitgelieferten Texturen der Controller austauschst und passend zu deinem Spiel gestaltest. Trotzdem macht es natürlich einen großen Unterschied, wenn du den Extraschritt gehst und auch das Mesh komplett auf dein Spiel anpasst. Aber denke daran, dass damit dann nicht nur das Mesh neu erstellt werden muss, sondern auch alle Animationen der Knöpfe.

Motion Tracker

Eine besondere Eingabemethode stellen die Motion Tracker der Vive derzeit dar. Auf ihnen befinden sich, ähnlich wie bei den Vive Controllern, Sensoren, welche vom Lighthouse erfasst werden können. Die Tracker haben auf ihrer Unterseite eine Gewindeöffnung, mit deren Hilfe diese Tracker an beliebigen Objekten fixiert werden können.

Die Tracker geben Entwicklern die Möglichkeit, so ziemlich jeden Gegenstand zu digitalisieren. Die Position kann eins zu eins in VR getracked werden. Ein Anwendungsbeispiel ist die Verbindung mit Baseballschlägern, Pistolen, Schwertern oder ähnlichen Gegenständen. Eine andere Anwendungsmöglichkeit ist die Anbringung an den Schuhen, um die Position der Beine zu bestimmen. Wenn nun noch ein Motion Tracker an der Hüfte befestigt wird, dann hat man im Zusammenspiel mit den Motion Controllern ein funktionierendes Ganzkörpertracking-System.

5 Bei dem "Ghost Modus" wird der Controller nicht mehr robust, sondern leicht durchsichtig dargestellt.

Oder man befestigt die Tracker an mehreren Gegenständen, die alle Teil eines Rätselspiels sind. Die Anzahl der möglichen Tracker wird derzeit nur durch die Anzahl an freien USB Ports beschränkt. Ein Tracker deckt ca. 270 Grad ab. Dadurch ist eine sehr genaue Positionsbestimmung möglich. Befestigt man einen der Tracker an einer Federwippe (das sind die Geräte, die man auf Kinderspielplätzen findet), kann alleine durch die Neigung eine Bewegung auf vier Achsen getracked werden. Die Federwippe kann so problemlos in einen innovativen Input-Controller umgewandelt werden.

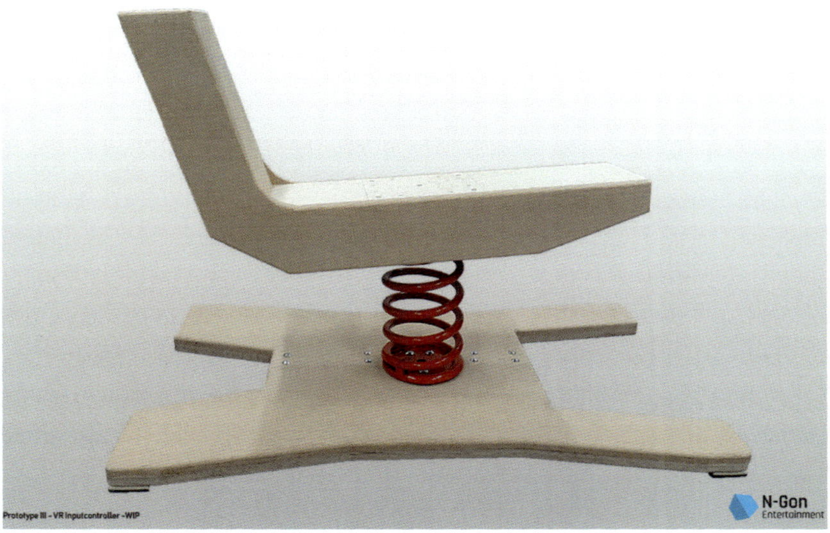

Prototype III – VR Inputcontroller-WIP

Es gibt unendlich viele Anwendungsmöglichkeiten für diese Art der Interaktion mit realen und digitalen Elementen. Die Tracker sind eine neue Technik und es gibt erst wenige Anwendungen, die damit laufen. Hier gilt es kreativ zu sein. Was könnte funktionieren? Was hat noch kein anderer gemacht? Könnte das eine sinnvolle Erweiterung der bisherigen Input-Möglichkeiten für den User sein?

Ein Nachteil der Tracker ist ihre Verfügbarkeit. Bisher gibt es nur sehr wenige davon. Und selbst wenn der Enduser auch einen Tracker besitzt, benötigt er darüber hinaus noch genau denselben Gegenstand in genau derselben Größe mit genau derselben Befestigung. Das Ganze ist also nicht wirklich für den Heimgebrauch geeignet, wenn das Spiel nicht direkt mit allen benötigten Accessoires ausgeliefert wird. Und das ist bei VR-Games (bisher) noch nicht der Fall, da die meisten Spiele digital zum Download angeboten werden. Auf Messen und Ausstellungen kann das allerdings derzeit sehr gut verwendet werden. Dort kommen die User direkt zu dem Stand der Entwickler und können alles wie vorgesehen testen. Außerdem fällt man auf, wenn du als Entwickler, im Gegensatz zu den anderen, nicht die Motion Controller zur Eingabe verwendest, sondern der User bei dir mit einem echten Baseballschläger den Zombies den Kopf einschlagen kann.

Es gibt bereits erste Spiele, die versuchen, das Problem der zu Hause real benötigten Gegenstände zu lösen. Zum Beispiel einen Haustiersimulator, bei dem man seinen Motion Controller an einem echten Stofftier befestigt und so ein reales Gegenstück zu der digitalen Version in den Händen hält. Das funktioniert natürlich nur, solange das Stofftier dem der Entwickler in Form und Größe ähnlich ist.

Oder aber die Variante, die bei "Richie's Plank Experience" Anwendung findet. In dem Spiel fährt man einen großen Aufzug hoch. Oben angekommen, öffnen sich die Aufzugtüren und vor dem Spieler ist in der Luft lediglich eine Holzplanke. Die Planke befindet sich auch in der Realität in Form eines Brettes vor dem Spieler. Die echte Planke hat allerdings keinerlei Tracker. Sie wurde vor Beginn des Spiels mithilfe der Motion Controller ausgemessen. Da sie während des kompletten Spiels weder die Form, noch die Position ändert, kann man so reale Elemente mit in sein Spiel integrieren. Ein Ansatz, den es bisher leider in keinem anderen Spiel in dieser Form gibt. So benötigen die Entwickler einiges an Aufwand, das ganze Spiel modular zu erstellen und jeder Anwender einiges an Zeit, seine reale Umgebung vor Spielbeginn zu vermessen. Ist Alles allerdings erst einmal eingestellt, bietet das Spiel eine deutlich höhere Immersion, da mit der realen Umgebung interagiert werden kann. Gleichzeitig eliminiert man so die Gefahr, dass User über Gegenstände im Raum fallen, da sie virtuelle Replikationen in VR sehen und mit diesen umgehen können. Im Prinzip ist es eine kleine Version der Technik, wie sie bei der “Void” zum Einsatz kommt.[6]

Einen weiteren “Nachteil”, den die Tracker auf den ersten Blick haben, ist, dass sie nicht mit Knöpfen versehen sind. Das liegt daran, dass die Anwendungsbereiche so vielseitig sind und die Tracker komplett auf den eigenen Bedarf angepasst werden können. So befinden sich auf der Unterseite der Tracker insgesamt 6 Steckplätze, mit denen alle Funktionen der Motion Controller angesteuert werden können. Man kann also beispielsweise den Baseballschläger vibrieren lassen, wenn man den Ball (oder den Zombiekopf) trifft. Oder man verknüpft den Trigger seiner Pistole mit einem dieser Pins, um den Schuss auszulösen. Den zweiten Trigger verbindet man dann mit dem Nachladehebel und schon hat man einen komplett funktionale Input-Controller für sein Shooting Game entwickelt.

MoCap Controller

Als MoCap Controller werden Controller bezeichnet, die ursprünglich aus dem klassischen Motion Capture Bereich kommen. Sie werden verwendet, um in Echtzeit reale Bewegungen zu digitalisieren und daraus Animationen zu erstellen. Früher wurde diese Technik vorwiegend im Filmbereich verwendet.

Bei Motion Capture Systemen gilt es, zwischen optischen und haptischen Systemen zu unterscheiden. Aber auch im Gamebereich werden diese Techniken aufgrund ihrer Effizienz immer häufiger verwendet. Die günstigsten Systeme kosten lediglich wenige hundert Euro und können, zum Beispiel, mit einer Kinect Kamera aufgenommen werden.

6 www.thevoid.com

PRAXISTIPP

Eine große Sammlung an hervorragenden und zugleich kostenlosen Motion Capture Animationen findest du auf der Internetseite von Mixamo[7].

Einige dieser Systeme eignen sich auch dazu, komplette Bewegungen in Realtime auf einen digitalen Charakter zu übertragen. Je nach Ausstattung ist damit ein Ganzkörper Tracking möglich, bei dem sogar jeder einzelne Finger des Spielers getrackt werden kann. Das eröffnet dem Entwickler natürlich ganz andere Möglichkeiten, als wenn nur die Position der Hand als Ganzes, wie es bei der Vive der Fall ist, oder die grobe Ausrichtung weniger Finger getrackt werden kann wie bei der Oculus Rift. Auch die genaue Positionsbestimmung der Füße eröffnet ganz andere Möglichkeiten. Ein noch komplexeres Thema, das bisher noch kaum Beachtung findet, ist die Übertragung von Gesichtszügen auf digitale Charaktere. Ein Aspekt, der vor allem in Social VR-Anwendungen zum Einsatz kommen könnte. Das wird allerdings dadurch erschwert, dass ein Großteil des Gesichtes des Users durch die, bisher sehr großen, VR-Brillen bedeckt ist und nur schwer getrackt werden kann. Zumindest wird in einigen Anwendungen bereits der Mund des Avatars durch die Analyse der Sprache des Users animiert.

Bewegung

Für eine immersive Bewegung ist es wichtig, dass sich der User auch in der realen Welt bewegt. Wenn man sich nicht den Luxus erlauben kann, die Spieler in der Realität durch komplette Lagerhallen laufen zu lassen, wie es "The Void" macht, muss hier eine andere Lösung her.[8] Die Play Area ist

7 www.mixamo.com

8 "The Void" nutzt hierfür einen psychologischen Trick. Sie gaukelt durch optische Korrektur der Wege vor, der User würde immer geradeaus laufen. In Wahrheit läuft er aber einen großen Kreis. So könnte er unendlich lange geradeaus laufen.

durch die Kabel des HMD's oder die Reichweite der optischen Sensoren auf wenige Meter begrenzt. Eine Lösung mit "Gaming Rucksäcken" oder einer Wireless Variante ist noch keine Alternative, solange unsere VR-Systeme nicht auf einem "Inside Out"[9] Tracking basieren.

Motion Sickness

Stellen wir uns einmal die Frage, warum es überhaupt wichtig ist, dass der Spieler sich in der realen Welt bewegt? Die Antwort lautet: Immersion. Reale Bewegungen, die eins zu eins in das Spiel übertragen werden, fühlen sich aus einem simplen Grund echt an: sie sind es. Eine Tatsache, die zwar sehr logisch ist, gerne aber bei der Konzeptentwicklung vernachlässigt wird. Darüber hinaus wird dadurch auch eines der größten Probleme verhindert, dem wir derzeit bei VR gegenüberstehen: Motion Sickness.

Ursache der Motion Sickness

Motion Sickness bezeichnet die aufkommende Übelkeit, an der viele VR-User gerade bei ihren ersten Experiences leiden. Schauen wir uns einmal an, wodurch Motion Sickness überhaupt ausgelöst wird. Motion Sickness, auch Cyber Sickness oder Virtual Reality Sickness genannt, ist kein Problem, das es erst seit dem Aufkommen der ersten VR-Systeme gibt. Sie wird ausgelöst, wenn unsere Sinnesorgane widersprüchliche Informationen erhalten. Ein klassisches Beispiel hierfür ist die Seekrankheit. Man befindet sich in seiner Kabine auf hoher See. Das Schiff bewegt sich mit den Wellen mit. Diese Bewegung wird von unserem Gleichgewichtssinn wahrgenommen. Allerdings kann der Sehsinn diese Bewegung nicht bestätigen. Für ihn bleibt alles in derselben, relativen Position zueinander und bewegt sich nicht. Durch diese Diskrepanz kann Unwohlsein ent-

9 Inside Out bedeutet, dass die Systeme "von innen heraus" ihre Umgebung tracken und nicht auf die Positionsberechnung durch Kameras oder äußere Sensoren angewiesen sind.

stehen. Das gleiche geschieht, wenn man im Auto sitzt und eine Zeitung liest. Ein Teil des Sichtfeldes bleibt starr, ein anderer Teil bewegt sich. Unser Gleichgewichtssinn übermittelt aber das Signal, dass sich alles um uns herum bewegen sollte, da wir uns relativ schnell in der Umgebung bewegen. Daraus kann ebenfalls ein Unwohlsein resultieren.

Versteht man die Ursache von Motion Sickness, fällt es deutlich leichter mit ihr umzugehen. Das Beispiel mit dem Auto bietet uns interessante Einblicke in die zugrunde liegende Psychologie. Hier tritt das Problem der Motion Sickness dadurch auf, dass ein Großteil der visuellen Wahrnehmung nicht mit der sensorischen Wahrnehmung unseres Gleichgewichtssinns übereinstimmt. Im Umkehrschluss heißt das, wenn wir nicht wollen, dass dem User bei unserem Game schlecht wird, während wir ihm eine Bewegung vortäuschen, die es in der Realität nicht gibt, sollten wir dafür sorgen, dass ein möglichst großer Teil seines Sichtfeldes ebenfalls nicht in Bewegung ist (sogenannte Fixpunkte).

Man sollte auch bedenken, dass einige Menschen anfälliger für Motion Sickness sind als andere. Laut einer aktuellen Studie von Koslucher[10] sind vor allem Frauen davon betroffen. Allerdings kann ein Spieler sich auch an die ungewöhnlichsten Bewegungen in VR gewöhnen, ohne das ihm dabei schlecht wird. Eine Tatsache, welche die meisten VR-Entwickler bestimmt bestätigen können.

Man sollte also im Hinterkopf behalten, dass man selbst wahrscheinlich keine geeignete Testperson ist, wenn es darum geht den Komfortfaktor des eigenen Games zu testen. Litt man am Anfang bereits unter Unwohlsein, wenn man seinen Charakter nur nach vorne laufen ließ, so kann man nach einigen Wochen "Training" bereits rückwärts fliegen, während der Charakter sich dabei horizontal dreht und gleichzeitig schrumpft. Am besten führst du den User langsam an komplexere Bewegungen heran. Zu Beginn des Spiels bietest du dem User nur ein eingeschränktes Arsenal an

10 http://www.ingentaconnect.com/content/asma/amhp/2015/00000086/00000009/art00005

Bewegungen, über die du dir sicher bist, dass sie ein sehr geringes Risiko von Motion Sickness mit sich bringen. Im Laufe des Spiels kommen dann langsam immer mehr komplexe Bewegungen und Aktionen hinzu. Der Spieler hat so die Möglichkeit sich und seinen Gleichgewichtssinn daran zu gewöhnen.

Oder du bietest dem Spieler sogar die Auswahl, ob er den komfortablen Modus wählen möchte oder den Expertenmodus. So kann jeder selbst entscheiden und du schränkst die Interaktionsmöglichkeiten nicht künstlich ein. Gerade erfahrene VR-Anwender werden dir dankbar sein. Trotzdem sollte dein Game immer mit der komfortablen Einstellung als Starteinstellung beginnen. Wurde es einem neuen Spieler bei deinem Spiel erst einmal schlecht, ist in den meisten Fällen sehr viel Überzeugungsarbeit notwendig, deinem Game eine zweite Chance zu geben. Eine schöne Art dies umzusetzen, ist zum Beispiel bei Google Earth VR zu sehen. Man beginnt standardmäßig immer im "comfort mode". Das Sichtfeld ist in der Bewegung stark eingeschränkt (Tunnelblick) und man kann nur bis auf eine gewisse Reichweite an die Objekte heran. Im Menü des Spiels findet sich die Option, diesen Modus zu deaktivieren und sich komplett frei durch die Experience zu bewegen. Ein Modus, der ein deutlich realistischeres Erlebnis bietet, aber eben auch leichter Motion Sickness auslösen kann.

Motion Sickness verhindern

Es gibt einige Ansätze, die versuchen das Problem der Motion Sickness zu lösen, indem sie den Spieler sich auch in der realen Welt bewegen lassen. Um das vorhin besprochene Platzproblem zu verhindern, bewegt sich der Spieler auf der Stelle, nicht im Raum. Das wird mit Hilfe verschieden konstruierter Laufbänder gelöst. In einer der bekanntesten Varianten ist der Spieler an seiner Hüfte auf einem runden Laufband fixiert. Er kann sich, mit speziell entwickelten Schuhen, in alle Richtungen bewegen. Diese Bewegungen werden dann in das Spiel übertragen. Dieses System hilft dabei die Immersion zu verstärken, wenn die Bewegung synchron und ohne spürbare Latenz in das Spiel übertragen wird. Allerdings fühlt es sich ein wenig so an, als würde man auf einer Eisfläche stehen. Außerdem berichten viele User, dass sie sich durch den Hüftgurt deutlich in ihrer Bewegungsfreiheit eingeschränkt fühlen.[11] Und nicht jedes Spiel ist mit dieser Art des Inputs möglich.

Aber schauen wir uns doch einmal an, ob diese Art der Bewegungseingabe wirklich dabei helfen kann, die Motion Sickness zu eliminieren.Solange sich der User auf einer geraden Fläche bewegt, wird er keine Probleme mit der Motion Sickness bekommen, solange die Bewegung synchron in das Spiel übertragen wird. Vorwärts, schräg, seitwärts und sogar rückwärts laufen, wird für viele User mit Hilfe einer solchen Konstruktion kein Problem darstellen. Die Motion Sickness kann hier also tatsächlich bei den meisten Usern verhindert oder zumindest stark eingeschränkt werden. Was passiert aber, wenn der User nun eine Treppe nach oben läuft? Die horizontale Bewegung ist immer noch dieselbe, allerdings stimmen jetzt die vertikalen Bewegungen nicht mehr überein. Selbiges gilt, sobald der Spieler in eine Grube fällt, anfängt zu fliegen oder schwimmt. Laufbänder und ähnliche Konstruktionen können bisher also lediglich das Problem der horizontalen Bewegungsachse lösen, nicht aber das der vertikalen.

Da wir das Problem also bisher noch nicht komplett eliminieren können, müssen wir Wege finden, um die Wahrscheinlichkeit der Motion Sickness weitestgehend einzugrenzen. Die Lösung ist immer ein Balanceakt zwischen dem Wohlbefinden und der Freiheit, die der User in unserem Game erleben soll.

Einen wichtigen Faktor haben wir uns bei der Ursache von Motion Sickness bereits angeschaut. Wenn der User in der realen Welt statisch ist, hilft es, wenn auch in der virtuellen Welt ein Großteil seines Sichtfeldes statisch ist. Diesen Effekt kann man durch unterschiedliche Methoden erreichen. Hier ein paar Beispiele, wie man Motion Sickness eingrenzen kann:

11 Das sind subjektive Empfindungen und diese Produkte sind noch nicht in der finalen Konsumentenvariante erhältlich.

Tunnelblick

Immer wenn der User in Bewegung ist, egal ob Translation oder Rotation, kannst du seinen Sichtbereich stark eingrenzen, indem du das äußere Sichtfeld abdunkelst, unscharf werden lässt oder sogar komplett ausblendest. Dadurch ist immer nur ein kleiner Teil des Sichtfeldes des Users in Bewegung. Ein Großteil seines Sichtfeld ist statisch und stimmt dadurch mit seiner sensorischen Wahrnehmung überein.

Cockpit

Bei einem Cockpit hat der User immer feste Anhaltspunkte um sich herum, die sich mit ihm mitbewegen und sich nicht verändern. Diese Ankerpunkte helfen ihm dabei, die restlichen Bewegungen besser zu verarbeiten. Je größer das Cockpit im Verhältnis zur sich bewegenden Außenwelt ist, desto geringer ist die Gefahr der Motion Sickness. Nehmen wir einmal an, du entwickelst einen Raumschiff-Simulator. Das erste Raumschiff, das der User im Tutorial steuern kann, ist ein altes, klappriges Gestell mit lediglich ein paar kleinen Sichtfenster mit Blick auf die Außenwelt und eingeschränkter Bewegungsfreiheit. Nach erfolgreichem Absolvieren der Tutoriallevel erhält der User ein moderneres Raumschiff, bei dem es schon mehr Sichtfenster nach außen gibt. Auch die Bewegungsfreiheit ist jetzt größer. Und nach ein paar Stunden Spielzeit kann der User ein Raumschiff bauen, das fast nur aus Glas besteht und bei dem ein Großteil seines Sichtfeldes frei ist. Der User wird sich über dieses Raumschiff und die neue Freiheit seiner Sicht freuen. Aber auch nur, weil du diese Sicht zuvor eingeschränkt hast. Hättest du ihm von Anfang an das offene Raumschiff gegeben, wäre die Gefahr groß gewesen, dass ihm innerhalb der ersten Minuten schon schlecht geworden wäre. So konnte er sich Schritt für Schritt an die neuen Bewegungen und Aussichten gewöhnen.

Kopfaccessoires

Zu den Kopfaccessoires zählen alle Gegenstände, die sich auf dem Kopf des User befinden und seinen Bewegungen direkt folgen. Ein Helm könnte eines dieser Accessoires sein. Der Sichtwinkel des Spielers hat so immer ein fixes Element, in diesem Fall die Innenseite des Helmes. Auch GUI-Elemente, die auf das Glasschild eines Visiers projiziert werden, haben denselben Effekt und lösen zugleich einen Teil des GUI Problems, das im vorherigen Kapitel besprochen wurde. Man sollte hier allerdings viel testen. Für den User muss es angenehm sein, diese Elemente zu betrachten, wenn er Informationen aus ihnen gewinnen soll. Das gelingt nicht, wenn er seine Augen anstrengen oder sogar schielen muss, damit er die Informationen erkennen kann. Die Position und Größe der Elemente spielen hier also eine wichtige Rolle. Forscher der Universität in Purdue haben herausgefunden, dass es bereits einen Unterschied macht, wenn eine digitale Nase an der Stelle in VR platziert ist, wo auch in Wirklichkeit die Nase des Users zu finden ist.[12]

Schon durch diesen kleinen Ankerpunkt konnte das Auftreten von Motion Sickness verringert werden. Der Effekt könnte bestimmt verstärkt werden, je größer man die Nase macht. Aber wer möchte schon eine riesige digitale Nase die ganze Zeit im Sichtfeld haben? Überlege dir, ob es nicht Gegenstände gibt, die genau diesem Zweck dienen und gut zu deinem Gamedesign passen. Interessant ist bei dem oben beschriebenen Experiment auch, dass keinem der Probanden die virtuelle Nase aufgefallen ist. Erst als die Forscher diese konkret angesprochen haben, wurde es den Probanden bewusst. Unser Gehirn leistet rund um die Uhr einen großartigen Job unsere Nase aus unserem Sichtfeld auszublenden. Ein Phänomen, das wir uns auch in VR zunutze machen können.

12 http://www.purdue.edu/newsroom/releases/2015/Q1/virtual-nose-may-reduce-simulator-sickness-in-video-games.html

"Unbekannte" Umgebungen

Unser Gehirn akzeptiert Bewegungen viel eher, wenn wir uns in einer Umgebung aufhalten, zu der es keine realen Referenzen hat. Angenommen wir laufen in unserem VR-Game eine Treppe herunter. Eine Situation, die jeder von uns schon tausende Male im realen Leben erlebt hat. Das Gehirn hat also bereits eine große Menge an Referenzen, wie sich dieses Erlebnis anfühlen sollte. Wenn das Erlebnis in VR jetzt diesen Erwartungen nicht entspricht, wird das Gehirn viel eher ein Problem damit haben, als wenn es keine Referenzen zu dieser Situation haben würde. Es ist also etwas komplett anderes, wenn das Gehirn bisher noch nicht die Gelegenheit hatte, Referenzen zu einer bestimmten Interaktion zu sammeln. Ich lehne mich hier mal ein wenig aus dem Fenster und behaupte, die meisten von euch waren, wie ich selbst auch, noch nicht selbst im Weltall. Wir haben zwar schon von der Schwerelosigkeit im All gehört und wir haben Menschen gesehen, die im All umher schweben. Aber wirklich selbst erlebt, haben wir das Ganze noch nicht. Unser Gehirn hatte also bisher noch nicht die Gelegenheit, sich selber Referenzen für Bewegungen in dieser Umgebung zu sammeln. Wenn wir in VR jetzt in einer Weltraumumgebung sind, akzeptiert unser Gehirn viel eher die Tatsache, dass das, was wir da gerade erleben, so auch richtig ist. Eine Tatsache, die sich sehr viele Spieleentwickler zunutze gemacht haben. Es gab eine Zeit, da wurde der VR-Markt regelrecht von Weltraumsimulationen überflutet. Ob bewusst oder nicht, viele Entwickler haben schnell gemerkt, dass es sich gut anfühlt, in VR durch das Weltall zu schweben. Und das ist natürlich das Wichtigste. Allerdings ist es ein großer Vorteil, wenn du als Entwickler auch weißt, warum es sich gut anfühlt.

Ein anderer interessanter Ansatz wird derzeit von Samsung verfolgt. Mit ihrem Prototypen "Entrim 4D" stimulieren sie das vestibuläre System im Innenohr durch elektronische Signale. Dadurch soll die Diskrepanz zwischen der visuellen und vestibulären[13] Wahrnehmung ausgeglichen

13 Also aus der optischen Wahrnehmung und der Wahrnehmung des Gleichgewichtssinnes.

werden. Der User fühlt so die Bewegungen, die er in VR sieht. Motion Sickness wäre dadurch ein Thema der Vergangenheit. Wann das Gerät auf den Markt kommen soll, steht noch nicht fest.

Sucht man im Internet nach "VR Tipps und Tricks" oder schaut sich Talks zu dem Thema VR an, kommen immer wieder dieselben "Tricks". Keine Beschleunigung verwenden, die zu bewegenden Axen limitieren etc. Diese Ratschläge haben sich sehr schnell etabliert, da es noch wenig Anhaltspunkte gab und sie gut funktioniert haben. Allerdings gibt es mittlerweile schon einige Games, die sich (zum Glück) bewusst dazu entschlossen haben, diese Ratschläge zu ignorieren. Auch hier ist wieder die Frage, was passt besser zu deinem Spiel. Solltest du wirklich komplett auf Beschleunigung verzichten, nur "weil man das in VR nicht macht"? Besser ist es, auch hier viel zu testen und zu schauen, wie andere Games das Problem lösen. Eventuell findest du sogar eine neue, verbesserte Methode heraus, um Beschleunigungen in VR zu realisieren, ohne, dass den Usern beim Spielen schlecht wird. Oder du verwendest auch dafür einen Komfort- und einen Expertenmodus. Denke immer daran, den User langsam in das Spiel einsteigen zu lassen. Du kannst dem Spieler im Laufe des Games immer noch die Möglichkeit geben, komplexere Bewegungssysteme zu aktivieren oder zu erlernen.
Es sind aber nicht nur Rotationen und Translationen, sondern auch Skalierungen, die Motion Sickness hervorrufen können. Auch wenn diese Art der Attributveränderung eher selten in Spielen genutzt wird. Es gibt allerdings einige Games, in denen man zwischen einer normalen, kleinen und großen Variante umschalten kann, um, zum Beispiel, einen Überblick über das Kampfgeschehen zu bekommen. In unserem Spiel "Viking Rage" sind wir noch einmal einen Schritt weiter gegangen und haben als erstes VR-Game den Wechsel von klein zu groß in Echtzeit über eine bestimmte Zeitspanne integriert. Ich nenne dieses Feature "Alice in Wonderland"-Mode. Anfangs sehr befremdlich und sicher nichts für VR-Neulinge, aber erfahrene User können dadurch etwas erleben, was es in der Realität nicht gibt. Ich kann jedem VR-Enthusiasten nur ans Herz legen, selber einmal auf über 100 Meter Größe in Echtzeit zu wachsen oder auf die Größe einer Ameise zu schrumpfen.

PRAXISTIPP

Baue diesen Effekt einfach selber nach und teste ihn in deiner eigenen VR-Anwendung. Mithilfe der Unreal Engine lässt sich der Effekt in nur wenigen einfachen Schritten programmieren. Das Einzige, was du dafür tun musst, ist in dem Level Blueprint deines Games eine Timeline zu erstellen. In der Timeline legst du eine neue Float Variable an. Der Startwert ist 100. Wenn du den Wert über die Zeit vergrößerst, wird dein Charakter im Spiel wachsen. Verkleinerst du den Wert, wird sich auch dein Charakter verkleinern. Den Wert des floats packst du im Update in die "Set World to Meter" Funktion der Unreal Engine (siehe Screenshot nächste Seite). Da sich die World to Meter Funktion auch auf die Physik deines Games auswirkt, wirst du so sehr interessante Ergebnisse erzeugen können.

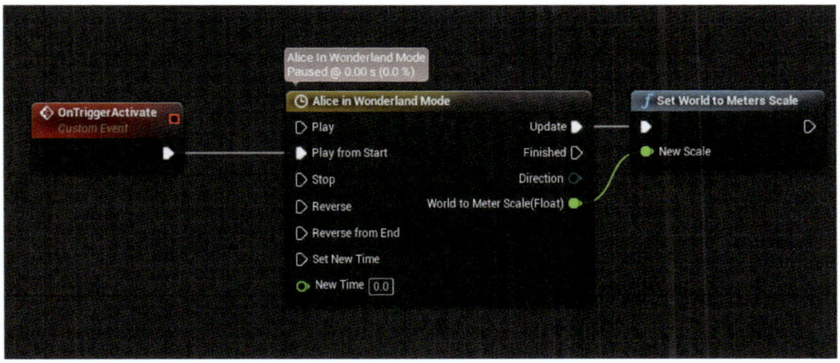

Screenshot aus der Unreal Engine 4

Äußere Einflüsse

Zu äußeren Einflüssen zählt alles, was nicht in der VR-Welt geschieht, aber Bezug zu deinem Game hat. Auch wenn die meisten Games sich alleine auf das Erlebnis innerhalb der VR-Welt beschränken, heißt das nicht, dass du das auch machen musst. Vielleicht kannst du dir gerade durch diesen Punkt einen Vorteil gegenüber möglichen Konkurrenzprodukten sichern. Hier ein paar Beispiele, wie du Elemente außerhalb deiner Experience dafür nutzen kannst, die Immersion deines Games zu verstärken.

Wind

Mit Hilfe eines Ventilators kannst du das Gefühl von Wind erzeugen, der dem User entgegenkommt. Das kann sowohl Umgebungswind sein, wie er auf einer Düne am Meer auftritt, oder aber Fahrt- beziehungsweise Flugwind, den dein Charakter spürt, während er mit rasender Geschwindigkeit durch den Himmel fliegt oder mit dem Motorrad die Straße entlang fährt. In der einfachsten Version hast du einen Ventilator vor dem Spieler stehen, der durchgehend angeschaltet ist. Wenn der User die ganze Zeit in Bewegung ist, funktioniert das schon sehr gut und trägt merklich zur Immersion bei. In der zweiten Variante steuert eine externe Person, ob der Ventilator an- oder ausgeschaltet ist. Das ist aufwendig, aber effektiv. Wenn du das Erlebnis wirklich komplett machen willst, besorgst du dir einen Ventilator, den du direkt mit dem PC ansteuern kannst. So hast du nicht nur die Möglichkeit das Gerät an- und auszustellen, du kannst auch die Intensität des Ventilators durch bestimmte Events, wie die Fahrgeschwindigkeit des Spielers, beeinflussen lassen. Empfehlenswert ist hier die Verwendung von CPU-Lüftern. Diese können direkt über den PC angesteuert werden und bieten, je nach Variante, bis zu 1024 Abstufungen der Intensität.

Umgebung

Wenn du das nicht schon einmal gemacht hast, hier ein kleines Experiment für dich: Baue dir in einer Game Engine deiner Wahl eine Mauer. Platziere den Spieler im gleichen Abstand zur Mauer, wie du in der Realität zu deiner Zimmerwand stehst und dann laufe in VR mit ausgestreckten Armen auf die Mauer zu. Es fühlt sich erstaunlich immersiv an, wenn man auf eine virtuelle Mauer zuläuft und dann auch in echt genau an der Stelle, wo sie sein sollte, eine reale Mauer spürt. Diesen Effekt kannst du dir in deinem Game zunutze machen. Lass den Spieler zu Beginn des Spiels einige markante Punkte im Raum vermessen. Wenn du das in einem schönen Tutorial verpackst, werden das auch Spielanfänger schnell meistern können. Auch wenn es für dich und dein Gamedesign einiges an Aufwand bedeutet, stichst du mit diesem Feature auf jeden Fall aus der Masse heraus. Eine schöne und zugleich simple Umsetzung dieser Methode finden wir bei dem VR Klassiker "Richie's Plank" wieder. Hier legst du ein Brett vor dich und misst es zu Beginn aus. In VR befindet sich dann eine digitale Version dieses Brettes vor dir. Allerdings in mehreren hundert Metern Höhe. Erstaunlich simpel und dennoch sehr immersiv.

Gerüche

Gerüche ist ein Thema, das bisher noch nicht weit in der Gamesbranche verbreitet ist. Technisch ist es allerdings keine große Herausforderung mehr. Der Gedanke an Geruchssimulationen ist spätestens seit dem viralen Video der "Nosolus Rift"[14] in den Köpfen der Entwickler hängen geblieben. Ein nicht ganz ernst gemeintes Accessoire, das es dem User erlaubt, verschiedene Gerüche zu erleben. Das Gerät sieht aus wie eine Atemmaske und kann über den Computer angesteuert werden, um verschiedene Gerüche zu simulieren.Die "Nosolus Rift" wurde 2016 auf der Gamescom von Ubisoft, im Rahmen ihrer Marketingaktion des neuen Southpark Spiels, präsentiert. Gerüche sind für die emotionale Wahrnehmung nicht zu unterschätzen und werden in Zukunft bestimmt noch eine wichtige Rolle spielen, wenn es um die Perfektion der Immersion von VR-Games geht.

Temperatur

Auch die Temperatur kann eine wichtige Rolle spielen. Da der Aufwand, die Temperatur zu regulieren, meist sehr hoch ist, vor allem wenn es innerhalb weniger Minuten geschehen soll, ist das eher für einen Showroom oder eine Ausstellung geeignet. Informationen, in welchen Temperaturbereichen aktuelle VR-Headsets funktionieren, gibt es noch nicht. Aller-

14 nosulusrift.ubisoft.com/

dings sollten hier keine Probleme auftreten, solange es Temperaturen sind, die auch für den User noch erträglich sind. Die Wärmequelle muss dabei nicht immer den ganzen Raum ausfüllen. Einen immersionsverstärkenden Effekt erhältst du auch, wenn zum Beispiel eine virtuelle Fackel reale Wärme ausstrahlt.

Hydraulik, Vibration etc.

Gerade Freizeitparks oder Jahrmärkte bieten die Möglichkeit komplett individualisierter Fahrgeschäfte. Hier kann man die digitale Welt perfekt mit äußeren Ereignissen abstimmen. Der komplette Boden kann sich bewegen oder vibrieren. Der User kann auch in der realen Welt so bewegt werden wie in der virtuellen Welt. Probleme durch Motion Sickness können so komplett eliminiert werden. Das ganze System kann durch Hydraulik, Pneumatik, Vibrationsmodule, Sound, Feuer, Wasser und haptisches Feedback beliebig ergänzt werden. Stelle dir zum Beispiel ein "4D Kino" vor. Auf der Leinwand läuft ein Film. Dieser wird durch Bewegungen und andere Elemente ergänzt, die sich nicht auf der Leinwand befinden. Dazu zählen Vibrationen, Bewegungen, Luftströme oder sogar Wasser. Ziel ist es, den Zuschauer wirklich in die Filmwelt hinein zu versetzen. Und da kann die virtuelle Realität natürlich perfekt für genutzt werden. Man sollte nur darauf achten, dass die Zuschauer einen festen Sitz auf ihren Plätzen haben. Durch die Verwendung einer VR-Brille haben sie keinen Fixpunkt mehr und können schnell die Orientierung im Raum verlieren. Vor allem dann, wenn sich das komplette Fahrgeschäft auch noch rasant bewegt.

Breakdown: VR-Gamedesign in "Viking Rage"

Anhand von unserem Game "Viking Rage" lassen sich einige Designbeispiele von VR verdeutlichen, die dir dabei helfen werden, dein Game in Hinblick auf VR besser vorzubereiten. "Viking Rage" ist ein VR Waveshooter, welcher über 13 Monate von N-Gon Entertainment[15] entwickelt wurde. Das Spiel wurde am 28.04.2017 von HeadupGames auf Steam veröffentlicht. Der erste Punkt, den ich dir mit auf den Weg geben möchte, ist folgender: teste viel und frühzeitig mit deinen potentiellen Usern. Es macht wenig Sinn, sich auf eine Interaktionsmöglichkeit festzulegen, nur weil diese dir persönlich besonders gut gefällt. Versteht der Großteil der User dieses Interaktionsmodell nicht, solltest du dir frühzeitig eine gute Alternative dazu überlegen. Die Steuerung in einem VR-Game ist eines der wichtigsten Elemente. Wenn sich die Steuerung nicht intuitiv anfühlt, kann und wird daran dein komplettes Game zerbrechen. Wenn du dich nicht für ein Interaktionsmodell entscheiden kannst, wähle das einfacher zu verstehende aus und biete das andere alternativ zur Freischaltung in den Optionen an.

Interaktion

Wir hatten die Interaktionsdiskussion lange Zeit bei der Entwicklung der Steuerung unseres Bogens. Für uns hat es 100% Sinn gemacht, dass man den Trigger der Bogenhand gedrückt halten muss, um den Bogen in der Hand zu halten. Immerhin haben wir das bei allen anderen Gegenständen im Spiel auch so gemacht. Man drückt den Trigger, um etwas aufzuheben und man lässt ihn los, um es wieder fallen zu lassen. Das hat soweit auch wunderbar funktioniert, egal ob es sich bei dem Gegenstand um eine Axt, eine Bombe, Figuren, Gegner oder ein Easter Egg gehandelt hat. Bei dem Bogen war das aber plötzlich anders. Die User haben den Bogen entweder beim Aufheben direkt fallen gelassen oder als sie dann einen Pfeil abgeschossen haben. Auf Nachfrage konnten sie nicht erklären, warum sie immer wieder den Bogen haben fallen lassen. Immerhin lässt man in der Realität beim Bogenschießen auch lediglich den Pfeil los und nicht den kompletten Bogen. Es gab einige User, die für jeden Pfeil einen neuen Bogen aufgehoben haben. Sozusagen einen "Einwegbogen". Anfangs haben wir sehr lange versucht, den User auf sein "Fehlverhalten" aufmerksam zu

15 www.n-gon.cologne

machen. Letztendlich mussten wir aber einsehen, dass der User immer Recht hat. Wir haben uns also dazu entschlossen, den Bogen bei einem Triggerpull direkt an der Hand zu befestigen und diesen erst wieder zu lösen, wenn der User erneut den Trigger aktiviert. Wer das nicht möchte, hat die Möglichkeit, es in den Optionen umzustellen. Sehr wahrscheinlich kommt dieses Verhalten davon, dass die Spieler noch nie einen echten Bogen abgeschossen und ihre ersten Erfahrungen im Umgang mit einem Bogen in einem anderen VR-Game gemacht haben. In anderen VR-Games wurde der Bogen tatsächlich fest mit der Hand verbunden, sodass man ihn nicht ablegen konnte. Dadurch wurden die User vermutlich unterbewusst darauf konditioniert, den Bogen nicht aktiv festhalten zu müssen.

Bewegung

Wir hatten von Anfang an geplant, eine spätere Portierung auf PlayStation VR zu machen. Deshalb hatten wir uns dazu entschlossen, keine Roomscale Experience zu entwickeln. Der User sollte alle benötigten Gegenstände in unmittelbarer Reichweite haben. Die Bewegung zu anderen taktischen Standorten lösten wir über fest definierte Positionen, zwischen denen sich der Spieler teleportieren kann. Anfangs entschieden wir uns dafür, die Teleportation fest auf die Touchpad-Felder zu legen. Wenn der Spieler das rechte Touchpad drückte, wurde er zu dem Teleportationspunkt rechts von ihm teleportiert, wenn er den linken drückte, wurde er zu dem linken Punkt teleportiert. Das hatte den Vorteil, dass man sehr schnell hin und her teleportieren konnte, ohne lange zu suchen, wo die Teleportationspunkte genau sind. Wir dachten, diese Art der Teleportation sei perfekt für unser schnelles Gameplay. Der Spieler verliert so keine Zeit und kann sich voll und ganz auf das Spielgeschehen konzentrieren. Zum Glück haben wir frühzeitig Tests mit verschiedenen Probanden gemacht, die uns allesamt bestätigten, dass diese Art der Teleportation für unser Game komplett ungeeignet ist. Das Problem war, dass die User beim Teleportieren schnell die Orientierung verloren haben und nicht mehr wussten, wo sie sich im Level gerade befanden. Wir haben den Spieler nach der Teleportation direkt so gedreht, dass er zum Geschehen hinschaute, unabhängig davon, wie er zuvor orientiert war. Für uns als Spieleentwickler, die das Level selbst zusammengebaut und bereits dutzende Male gespielt hatten, war das überhaupt kein Problem. Wir kamen super mit dieser Mechanik zurecht und konnten mit ihrer Hilfe schneller und effektiver spielen. Der neue User, der unsere Level allerdings nicht auswendig kannte, kam sofort aus dem Konzept und verlor die Orientierung. Diese Art der Frustration gilt es auf jeden Fall zu vermeiden. Du kannst nicht von deinen Usern erwarten, dass sie dein Spiel so lange spielen, bis sie den Aufbau des Levels komplett auswendig kennen. Vor allem nicht, wenn du sie am Anfang schon mit einer verwirrenden Teleportationsmechanik frustrierst.

Die Mechanik, für die wir uns am Ende entschlossen haben, funktioniert wie folgt: Der User hält den Teleportationsknopf gedrückt, dabei ist es irrelevant, ob er das mit dem linken oder dem rechten Controller macht. Er ist dadurch deutlich flexibler. Die Mechanik funktioniert auch dann, wenn der Spieler gerade eine Waffe in dieser Hand hat. Während er den Knopf drückt, erscheinen große blaue Lichtkegel in der Welt und entlang des Controllers wird ebenfalls ein blauer Strahl projiziert. Bewegt der User den Strahl über einen dieser Lichtkegel, färbt dieser sich ein und signalisiert dem Spieler, dass er sich nun an diese Stelle teleportieren kann, wenn er den Knopf loslässt. Der Spieler wird dann entlang der vorher dargestellten Linie durch das Level gezogen. Auch wenn das sehr stark nach Motion Sickness klingt, da wir die Bewegung sehr schnell und linear gemacht haben, konnten wir eine Bewegung erzeugen, die auch von neuen VR-Usern als angenehm empfunden wird. Da der User vorher selbst den Teleportationspunkt in der Welt ausgewählt hat und direkt entlang des Strahls durch die Map fliegt, konnten wir das Orientierungsproblem komplett eliminieren.

Da einige Spieler die Lichtkegel trotz ihrer markanten Farbe und Größe nicht wahrgenommen haben, wurde ein weiterer Trick angewendet: Sobald der User den Teleportationsknopf drückt, wird die komplette Welt ausgegraut. Lediglich die Teleportationspunkte und der Lichtstrahl aus dem Controller leuchten noch in voller Farbe. Hierfür haben wir einen Custom Depth Layer in Kombination mit einem Post Process Volume verwendet, in das wir einen Custom Lookup Table (LUT) eingebaut haben. Zusätzlich zu dem visuellen Feedback wurden noch zwei weitere Features eingebaut: Bewegt der Spieler seinen Controller über einen Teleportationspunkt, wird zeitgleich eine dezente Vibration abgespielt und es ertönt ein Sound. Wir haben also visuelles, akustisches und sogar haptisches Feedback eingebaut. Auch wenn das viel Aufwand für eine einzige Spielmechanik ist, die Usertests liefen im Anschluss deutlich besser ab als zuvor.

PRAXISTIPP

Du solltest versuchen, möglichst viel Zeit für die Entwicklung einer intuitive Steuerung deiner Grundmechaniken aufzubringen. Teste oft und frühzeitig mit verschiedenen Probanden und mache es deinen Usern so einfach wie möglich, in dein Spiel einzusteigen.

Raumgröße

Eine weitere Herausforderung, der wir gegenüber standen, war die Tatsache, dass jeder Gegenstand direkt um den Spieler platziert werden musste. Vor allem im Endgame, nachdem der Spieler alle Waffen und Upgrades freigeschalten hatte, war das nicht so einfach. Gerade im Hinblick auf die PlayStation VR oder einen Oculus-Spieler mit begrenztem Raumumfang, war diese Positionierung sehr wichtig. Anfangs nutzten wir ein Script, das die Position der Gegenstände automatisch an die verfügbare Raumgröße des Spielers anpasste. Schnell wurde aber klar, dass man nicht die ganze Zeit in seinem Raum hin und her rennen möchte, nur weil man den Platz dazu zur Verfügung hat. Dadurch erhöht sich lediglich die Schwierigkeit im Spiel. Und so fingen unsere User damit an, eine kleine Play Area festzulegen, um einen Ingame-Vorteil zu bekommen, bevor sie unser Spiel starteten. Gerade wenn dein Spiel sehr schnelle und schwungvolle Bewegungen beinhaltet, solltest du in deinem Gamedesign dafür sorgen, dass der User nicht gezwungen ist, nah an seine Raumgrenzen zu treten.

Easter Eggs

Easter Eggs sind eine schöne Sache. Entwickler können so ihrem Spiel noch einmal eine persönliche Note geben. Spieler gehen gerne auf die Suche nach Easter Eggs und freuen sich umso mehr, wenn sie eines entdecken. Aber trifft das auch auf VR-Games zu? Wir haben in unserem Spiel sehr viele Easter Eggs versteckt. Zum einen weil wir keine Einschränkungen durch einen Publisher oder Investor hatten, zum anderen da uns gegen Ende viel Artistkraft zur Verfügung stand. Da wir die meisten Easter Eggs mit einem Erfolg kombiniert hatten, konnten wir auf Steam sehr gut verfolgen, wie viele dieser Easter Eggs bereits gefunden worden waren. Das erschütternde Ergebnis: nach 3 Monaten auf Steam waren lediglich knapp 5% aller Easter Eggs, die wir in das Spiel eingebaut hatten, gefunden worden. 95% blieben komplett unentdeckt. Gerade ein VR-Game verlockt dazu, Easter Eggs zu verstecken. Die Möglichkeiten sind einfach deutlich vielseitiger, als es bei klassischen Games der Fall ist. Es steht eine 360° Ansicht zur Verfügung und der Spieler kann sich frei bewegen. So kann er beispielsweise ein Plakat finden, das auf der Unterseite eines Tisches angebracht ist. Oder es ist sogar in dem Mesh des Tisches versteckt. Der Spieler muss nur mit dem Kopf durch das Mesh des Tisches hindurch gehen und kann so verborgene Schätze im Inneren finden. Aber gerade durch diese Vielzahl an Möglichkeiten fühlt sich der Spieler schnell überfordert. Es gibt auch so schon sehr viele Eindrücke, die auf den Spieler wirken. Vor allem neue Spieler werden sich also nicht unbedingt auf die Suche nach Easter Eggs machen. Mache selbst einmal den Test. Du wirst erstaunt sein, wie viele kleine Easter Eggs in VR-Spielen versteckt sind.

Zusammenfassend ist zu sagen: Easter Eggs in VR bieten uns Entwicklern die Möglichkeit neuer und kreativer Verstecke. Sei dir aber bewusst, dass dein Easter Egg unentdeckt bleiben kann und nur eingeweihte Personen die Arbeit bemerken, die du dir dabei gemacht hast. Ausnahmen gibt es nur dann, wenn du eine eingefleischte Fanbase hast oder den User mächtig entlohnst, wenn er eines deiner Easter Eggs findet. Ein schönes Beispiel hierfür ist das Spiel "Rick and Morty VR". Fans der Serie verbringen Stunden in diesem Universum, um auch noch das letzte Easter Egg zu finden. Der

Spieler wird ingame sogar auf das Vorhandensein der Easter Eggs aufmerksam gemacht und ihm wird gezeigt, wie viele versteckte Dinge er noch nicht entdeckt hat.

Die ersten drei Monate hatten wir uns dazu entschlossen, alle Minigames in "Viking Rage" als Easter Egg zu verstecken. Bei einigen hatten wir es deutlich übertrieben. So musste man beispielsweise in der Mainhall einen Pfeil in seinen eigenen Kopf schießen, diesen im Anschluss wieder aus dem Kopf ziehen und den Pfeil, mit nun daran hängendem Auge, anschließend durch einen Ring über dem Thron schießen, um in ein Minigame zu gelangen. Ich muss wohl nicht erwähnen, wie viele Leute dieses Minigame je entdeckt haben...

Upgrades

Nach vielen Probedurchläufen mit verschiedenen Varianten haben wir uns dazu entschlossen, das Skill System möglichst einfach zu halten. Anfangs hatten wir ein komplexes System aus Runen, Münzen und Holzscheiten mit deren Hilfe der User in einer 3D-Umgebung seine Skillpunkte verteilen konnte. Nach etlichen Usertests zeichnete sich aber schnell ein einheitliches Meinungsbild ab. Die User wollten in einem VR-Game keine komplexen Skilltrees. Sie wollten eigentlich nur spielen. Also haben wir uns hingesetzt und das komplette Skillsystem noch einmal überarbeitet. Anstatt die User mit der Aufgabe der Skillverteilung zu beauftragen, wurden die Skills jetzt automatisch nach erfolgreichem Bestehen der Level vergeben. Der User konnte sich also komplett auf das eigentliche Spiel konzentrieren und kam trotzdem in den Genuss, von Level zu Level immer stärker und mächtiger zu werden. Das System hatte außerdem den Vorteil, dass der User nicht von Anfang an mit möglichen Fähigkeiten, Items und Befehlen überflutet wurde. Er lernte eine Fähigkeit nach der anderen und konnte diese mit der Zeit dann miteinander kombinieren. In der Theorie hat das sehr gut funktioniert. In der Praxis haben wir dann aber schnell die Kritik von neuen Spielern bekommen, es gebe zu wenig Waffenvielfalt, da der Spieler zu Beginn des Spiels lediglich mit einer Axt ausgerüstet war. Es macht zwar durchaus

Sinn den Spieler mit wenig Waffen beginnen zu lassen und die Anzahl erst im Laufe des Spiels zu erhöhen. Allerdings solltest du sicherstellen, dass der Spieler frühzeitig auf die Vielzahl seiner Waffen hingewiesen wird. Auch die Zeitspanne, die es benötigt, alles freizuschalten, sollte in einem VR-Game deutlich kürzer angesetzt werden, als bei einem klassischen Game. Die meisten VR-Sessions liegen noch deutlich unter einer Stunde und die meisten Spieler werden nicht mehrere Stunden oder sogar Tage investieren, um in deinem Spiel alles freizuschalten.
Auch die Art deines Spiels definiert den Aufwand, den deine User betreiben, um alles frei zu spielen. Bei einem RPG-Game kann dieser gerne höher angesetzt werden. Zielst du auf ein Arcade-Game ab, sollte der Endcontent möglichst schnell freigespielt werden können, damit schnelle und kompetitive Sessions auch ohne lange Vorbereitungszeit möglich sind.

**„Denke daran:
Die Art deines Games bestimmt den Zeitumfang, der benötigt wird, um alle spielrelevanten Inhalte freizuschalten.“**

TEIL 3
VR-USECASES

VR-USECASES

In diesem Kapitel geht es um verschiedene Anwendungsmöglichkeiten von VR. Ich habe beispielhaft ein paar verschiedenen Branchen zusammengetragen, um das Potential von VR besser zu verdeutlichen. VR wird unseren Alltag in vielen Bereichen stark verändern. Neue Jobs werden geschaffen und alte Arbeitsabläufe geändert.

Auch wenn dein Fachgebiet nicht mit auf dieser Liste ist, werden dir diese Beispiele dabei helfen, eine Vorstellung zu bekommen, inwieweit VR auch in deinem Bereich eine Rolle spielen kann. Wenn dein Zweig hier nicht aufgelistet ist, hat sich vielleicht noch niemand ausgiebig Gedanken darüber gemacht, was für Vorteile VR in deiner Branche haben kann. Bist du einer der ersten, kannst du eine Vorreiterrolle übernehmen, neue Angebote schaffen, Arbeitsabläufe optimieren oder sogar deine komplette Branche revolutionieren.

Architektur

Architekten verkaufen ein Produkt, das noch nicht in der realen Welt existiert. Sie setzten also auf die Vorstellungskraft der Kunden. Und die ist leider in vielen Fällen nicht so weit entwickelt, wie es die Vision des Architekten verlangen würde. Nicht jedem fällt es leicht, anhand von CAD Plänen das spätere Gebäude zu visualisieren. Diesem Problem wird mit Hilfe aufwendig erstellter Renderings und Modellbauten entgegengewirkt. Trotzdem vermitteln diese Modelle und Renderings nicht den Eindruck von Größe und haben keine Raumwirkung. Anders ist es hier, wenn man mit Hilfe von VR wirklich das Modell betreten kann. Man kann komplett durch das Modell gehen, sieht alles in realen Größen und bekommt sofort ein Gefühl für die Raumwirkung.

Noch interessanter wird es, wenn man in dem Modell in Echtzeit Änderungen vornehmen kann. Man steht nicht nur verlassen in einem kargen Gebäudeskelett, sondern in einem komplett eingerichteten Haus. Die Farbe der Tapete lässt sich mit einem Klick ändern. Die Position der Türen oder die Größe der Fenster lassen sich variieren. Alles kann mit nur wenigen Klicks den eigenen Vorstellungen angepasst werden. Man kann sich das Haus im Laufe eines kompletten Tages oder sogar eines ganzen Jahreszyklus ansehen und bekommt so ein Eindruck von dessen Wirkung bei verschiedenen Lichtverhältnissen und Jahreszeiten. Es wird eine Auswahl an Einrichtungsgegenständen in verschiedenen Einrichtungsstilen geben. 3D-Möbelpacks sind im Verhältnis zu deren realen Äquivalenten nicht wirklich teuer. Und hat man sie einmal gekauft, können sie für jedes Projekt wiederverwendet werden. Sie werden nie abgenutzt. Architekten werden sich so also eine beeindruckende Sammlung an Einrichtungsgegenständen zulegen, die sie ihren Kunden dann für die digitale Hausgestaltung zur Verfügung stellen können. Gefällt einem Kunden die Möbelgarnitur so gut, dass er sie so auch in seinem echten Haus haben möchte, kann er diese mit nur wenigen Klicks direkt vom Hersteller in VR bestellen. Der Architekt bekommt dann eine Provision und die Möbel werden dem Kunden direkt nach Hause geliefert. Möbelhersteller stellen den Architekten ihre Modelle in Zukunft eventuell kostenfrei zur Verfügung, um dadurch neue Kunden zu gewinnen. Ein zeitraubender Besuch im Möbelgeschäft entfällt so. Man kann sich die Möbel direkt in der eigenen Wohnung anschauen, ohne teuren Transport, Schleppen oder stundenlangem Aufbauen, nur um anschließend festzustellen, dass sie doch nicht in die Wohnung passen.

Auch Änderungsvorschläge sind in VR viel einfacher zu kommunizieren. Die Transferleistung von 2D zu 3D entfällt. Man kann direkt zeigen, was man haben möchte. Kombiniert man die 3D-Zeichentechnik von Tiltbrush mit dieser Visualisierung, kann auch der unerfahrenste VR-Anwender seine Wunschvorstellungen direkt in 3D zeichnen. Das muss auch nicht im Architekturbüro stattfinden, sondern der Architekt kann das Modell einfach zum Kunde schicken. Dieser kann sich dann in Ruhe alles anschauen. Wenn er möchte, kann sich der Architekt aus seinem Büro direkt mit in die Visualisierung einloggen und mit dem Kunden zusammen Änderungswünsche besprechen.

Arcades

Klassische Spielhallen sind, zumindest was den europäischen Markt betrifft, bereits seit Längerem vom Aussterben bedroht. Auch wenn sich Spielhallen in Japan sehr gut halten, einheimische Spielhallenbesitzer müssen sich etwas einfallen lassen, wenn sie heute noch Kunden gewinnen und halten wollen.

VR ist hierfür aus mehreren Gründen geeignet. Zum einen ist der Einstieg in VR in den eigenen vier Wänden nicht gerade günstig. Wenn man alleine die Kosten für ein VR-Headset mit einem entsprechend leistungsstarken Rechner betrachtet, sind wir hier in einem Bereich, den viele User nicht ausgeben wollen oder können[16]. Und das sind lediglich die Minimalanforderungen für VR. Wenn wir uns jetzt noch mögliche andere VR-Accessoires anschauen, sind wir schnell noch einmal in einem komplett anderen preislichen Segment unterwegs. Laufbänder, Pistolen, Schläger und Ganzkörper-Tracking-Systeme sind eine wunderbare Ergänzung für die Immersion des VR-Erlebnisses. Allerdings ist der Kosten-Nutzen-Faktor zum jetzigen Zeitpunkt für den Heimanwender noch deutlich zu gering. Selbst für einen User, der ein VR-System bei sich daheim hat. Daher würde sich der Besuch einer Arcade selbst für den Besitzer eines VR-Systems lohnen, wenn er dort die ganzen neuen Accessoires und Spiele ausprobieren kann, die es auf dem Markt gibt.

16 Für einen aktuellen Gaming PC mit kompletter Hardware und VR-Brille sollte man mit ca. 2000 - 3000€ rechnen.

Arcades bieten die Möglichkeit fest installierter VR-Applikationen. Die "VR PinCade"[17] von Daniel Korgel ist eine dieser Attraktionen, die sich perfekt für diese Arcades anbieten würden. Bewaffnet mit einer "Oculus Rift" tritt der Spieler an den Nachbau eines echten Flipperautomaten, der besteht lediglich aus den Eingabegeräten und einem "abgeschnittenen" Flippertisch, der 20 x 56 x 20 cm groß ist, und auf einem Tisch platziert die Höhe eines echten Tisches hat.

besteht. In der virtuellen Welt kombiniert sich das haptische Feedback des Tisches mit den virtuellen Flippertischen zu einem authentischen und einzigartigen Erlebnis, das die Möglichkeiten der Realität übertrifft.

Auch der benötigte Platz spricht für eine Arcade. Nicht jeder potentielle Nutzer hat einen geeigneten Raum, in dem er die virtuelle Welt ohne Einschränkungen genießen kann. Wer schon einmal in einer 1,5 mal 1,5 Meter großen Play Area gespielt hat, weiß wovon ich rede.

Multiplayer-Spiele, an sich schon sehr beeindruckend in VR, werden noch einmal auf ein ganz neues Niveau gehoben, wenn man mit anderen Spielern in demselben Raum oder sogar in derselben Play Area[18] sein kann. So kann man nicht nur in der virtuellen, sondern auch in der realen Welt miteinander interagieren und seinem Mitspieler zum Beispiel eine Waffe reichen.

Ein weiterer Pluspunkt dieser Arcades ist die Möglichkeit, zu einem vergleichsweise günstigen Preis verschiedene VR-Games antesten zu können. Zuhause müsste man jedes Spiel kaufen, wenn man es testen möchte. Für Entwickler bieten diese Arcades also eine geniale Möglichkeit viele Spiele in kürzester Zeit anzuspielen.

17 http://www.vrpincade.com/

18 Als Play Area wird der bespielbare Bereich bezeichnet. Je nach Setup können sich mehrere Spieler in derselben Play Area befinden und miteinander interagieren. Ein Raum kann mehrere Play Areas beherbergen.

PRAXISTIPP

Es gibt bereits erste Subsrkiptionsmodelle[19], bei denen du ebenfalls Zugriff auf eine große Bibliothek aus VR-Spielen hast. Durch einen monatlichen Beitrag kannst du so relativ günstig eine Vielzahl an verschiedenen Spielen auszuprobieren.

Viele Entwickler werden mit Hilfe eines speziellen Lizenzmodells vergütet, wenn sie ihre Spiele in einer Arcade zur Verfügung stellen. Auch eine angepasste "Arcade-Version" ist nichts ungewöhnliches, bedarf aber einiges an zusätzlicher Entwicklungsarbeit. Falls du in der Situation bist und eine Version für ein Arcade-Center erstellen sollst, nimm die wertvollen Erfahrungen der Mitarbeiter vor Ort an. Sie wissen genau, was gut funktioniert und worauf du achten solltest.

Zusammenfassend ist zu sagen, dass Arcades dabei helfen, VR der breiten Masse ohne heimisches VR-System zugänglich zu machen. Anstatt eines Ausflugs in den Vergnügungspark kann man so einen Ausflug in viele verschiedene, virtuelle Welten unternehmen. Auch für erfahrene VR-User bieten Arcades einen Mehrwert, da sie aus einer Vielzahl an Anwendungen, Accessoires und Gamemodes auswählen können. Außerdem ermöglichen Arcades den Nutzern Multiplayer-Sessions vor Ort und in derselben Play Area zu spielen.

Fahrgeschäfte

Ein weiteres mögliches Einsatzfeld für VR ist Fahrgeschäfte. Wir finden sie an vielen unterschiedlichen Orten, sei es in einem Freizeitpark, in einer Einkaufsmeile oder auf einem Jahrmarkt. Vor allem an den letztgenannten Standorten sind die Geräte häufig dem aktuellen Stand der Technik um Jahre, meist sogar um Jahrzehnte, hinterher.

19 https://www.viveport.com/subscriptions/SB-976455533

Hier eröffnen sich für uns Entwickler enorme Möglichkeiten. Gemeinsam mit dem Wissen der Jahrmarktbetreiber lassen sich Geräte erschaffen, die weit über die Möglichkeiten eines Privatanwenders hinaus gehen und das Potential haben, die Besucher über Jahre hinweg zu begeistern.

So werden in Freizeitparks alte Achterbahnen wieder zu neuem Glanz erweckt, indem die Besucher eine VR-Brille aufsetzen, in der die Fahrt visualisiert wurde. Die Strecke ist dieselbe wie in echt auch, aber der Besucher findet sich plötzlich in einer komplett anderen Welt wieder. Mit enormer Geschwindigkeit verfolgt er einen feindlichen Schwarm Monster, während er den Schüssen der feindlichen Flotte ausweicht, die ihn rasant verfolgt. Da die Bewegungen in VR mit den echten Bewegungen des Wagens übereinstimmen, hat der Besucher zum einen ein sehr immersives Erlebnis, und zum anderen kann die Gefahr der Motion Sickness umgangen werden, da er sich wirklich so bewegt, wie er es auch sieht. Eine der bisher aufwendigsten Umsetzungen dieser Technik befindet sich in Seaworld Orlando und heißt "Kraken Unleashed".

Brettspiele

Klassische Brettspiele werden von vielen Generationen gespielt. Auch diese Branche entwickelt sich rasant weiter. Es gibt viele analoge Spiele, die bereits durch digitale Inhalte erweitert werden. Sei es der Broker, der bei "Monopoly - Die Börse" die Kurse berechnet oder ein Handy, welches das Spielgeschehen vorliest, aktuelle Punkte aller Spieler speichert und Zufallsereignisse verkündigt

.

Auch Virtual Reality wird bereits erfolgreich mit dem Konzept klassischer, analoger Spiele verknüpft. Hier wird dem Spieldesigner sehr viel Kreativität abverlangt. Bisher haben noch sehr wenige Spieler ein eigenes VR-System zu Hause. Kommerziell ist das Ganze also (noch) nicht unbedingt interessant. Aber es ergeben sich hier komplett neue Möglichkeiten für die Brettspielindustrie.

Im Folgenden führe ich einige Beispiele für gelungene Kombinationen aus Brett- und VR-Spiel an.

Dabei ist es nicht immer notwendig, dass jeder Spieler eine eigene VR-Brille besitzt. Bei dem Spiel "Keep Talking And Nobody Explodes" von Steel Crate Games hat lediglich ein Spieler die VR-Brille auf dem Kopf. Der VR-Spieler sieht in seiner digitalen Welt eine Bombe in einem Koffer. Seine Aufgabe ist es, diese Bombe so schnell es geht zu entschärfen. Die Anleitung zum Entschärfen haben nur die Spieler, die keine VR-Brille auf dem Kopf haben. Es geht also darum, dass der VR-Spieler seinen Mitspielern möglichst präzise erklärt, wie die Bombe aussieht. Die Mitspieler müssen ihm daraufhin erklären, welche Schritte er unternehmen muss, um die Bombe erfolgreich zu entschärfen. VR hat hier den Vorteil, dass der VR-Spieler wirklich in das Spiel eintaucht. Die Bombe wirkt sehr real und der Spieler bekommt wirklich das Gefühl, sie würde jeden Moment direkt vor ihm in die Luft fliegen. Darüber hinaus hat es den Vorteil, dass die anderen Mitspieler die Bombe wirklich nicht sehen können und sich komplett auf die Beschreibung des VR-Spielers verlassen müssen. Ein Umgehen der Spielregeln wird damit verhindert.

Ein anderer Ansatz wird in dem Spiel "Die Siedler von Catan" von Klaus Teuber verfolgt. Die VR Variante des Klassikers befindet sich derzeit in der Entwicklungsphase. Hier geht es nicht darum, sich neue Spielmechaniken auszudenken, um die analoge und die digitale Welt miteinander zu verbinden. Das Spiel wird von der klassischen Variante in ein VR-Game umgewandelt. Eine eins zu eins Umwandlung ist dabei allerdings nicht möglich. Statt dessen haben wir in VR alle Vorteile, die Computerspiele mit sich bringen. Das Spiel wird automatisch aufgebaut, der Computer berechnet alle Punkte und Events und achtet darauf, dass die Regeln eingehalten werden. Die Figuren sind alle komplett animiert und die Spielumgebung versetzt den Spieler direkt in eine andere Welt. Darüber hinaus kann das Spiel nicht nur in der "Top- down-Perspektive" betrachtet werden, er kann selber in das Geschehen eingreifen und sein Dorf aus der Egoperspektive erkunden. Mutiplayer-Sessions mit Freunden und Familie aus der ganzen Welt werden möglich sein. Einem regelmäßigen Spieleabend mit der ganzen Familie steht so, selbst wenn alle an anderen Orten leben, nichts mehr im Weg.

In dem Spiel "Werewolves Within" von Ubisoft befindet sich der Spieler in einem mittelalterlichen Dorf wieder. Er sitzt zusammen mit den anderen Dorfbewohnern um ein Lagerfeuer auf dem Dorfplatz. Die Spieler bekommen zufällig eine Rolle zugewiesen. Einige unter ihnen sind Werwölfe. Die Aufgabe der Dorfbewohner ist es, heraus zu finden, wer die Werwölfe sind, bevor diese alle Spieler umgebracht haben. Das Tolle an der VR-Variante dieses Spiels ist, dass man Aktionen machen kann, die von den anderen Spielern nicht gesehen werden können. Außerdem kann man mit Spielern aus der ganzen Welt spielen und hat trotzdem das Gefühl, man würde mit ihnen zusammen um das Lagerfeuer sitzen. Es ist möglich, sich mit seinen Verbündeten geheim abzusprechen, indem man einen gesicherten Sprachkanal wählt, zu dem das andere Team keinen Zugang hat. Durch die liebevoll gestaltete Umgebung wird der Spieler sofort in die mystische Welt versetzt. Bei dem Spiel geht es darum, andere zu täuschen und gleichzeitig die Lügen der anderen zu entlarven. Gerade die Körpersprache und die Emotionen verraten häufig einen Lügner. Da Körpersprache und Emotionen aber (noch) nicht direkt in die digitale Welt übertragen werden können, nutzt das Spiel ein Analyseprogramm für den Tonfall, um Emotionen auf die Gestik der Avatare zu übertragen. Die Technik dahinter steckt zwar noch in den Kinderschuhen, der Ansatz ist aber sehr interessant. Spieler, die sich im echten Leben schnell durch ihre Körpersprache verraten, können (noch) aufatmen. Die Übertragung subtiler Details der Körpersprache wird nicht in VR übertragen.

Die klassische Brettspielbranche entwickelt sich, im Gegensatz zu anderen Branchen, noch sehr langsam in Richtung der Digitalisierung weiter. Viel hat hier auch mit der gewollten Abgrenzung zu Computerspielen zu tun. Allerdings findet man immer wieder interessante VR-Implementationen, die die klassischen Spiele erweitern. Die Vorteile liegen auf der Hand und es spricht nichts gegen eine Mischung der eigenen Spielesammlung mit analogen und virtuellen Spielen. Die virtuellen Spiele sollten dabei nicht als Ersatz für analoge Spiele dienen. Es geht vielmehr um die Erweiterung der Möglichkeiten analoger Spiele mit der neuen Technik der virtuellen Realität.

Filme

Auch der Filmbereich ist ein Branche, in der VR für einen enormen Umschwung sorgen wird. Hier gibt es zwei verschiedene Bereiche zu betrachten: passive und aktive Filme. Dabei stehen Filmemacher vor der Herausforderung, ihr klassisches Medium Film neu zu definieren und zu entdecken. Viele Regeln, die bisher gültig waren, sind es jetzt nicht mehr. Es gibt viele neue Herausforderungen, aber mindestens auch genauso viele neue Möglichkeiten.

Bei einem "passiven Film" nimmt der Zuschauer lediglich die Rolle eines Beobachters ein. Sein Handeln hat keinerlei Einfluss auf den Film. Diese Art des Filme Anschauens ist derzeit gängig.

Bei einem "aktiven Film" kann der Zuschauer das Filmgeschehen zu einem gewissen Grad beeinflussen. Die Komplexität der Beeinflussung reicht von einer linearen Geschichte, bei der der Zuschauer nur den Eindruck gewinnt, er könne das Geschehen beeinflussen, bis hin zu einem komplexen Handlungsstrang, bei dem eventuell sogar mehrere Personen gemeinsam Entscheidungen treffen müssen, um das Geschehen voran zu treiben.

Ein Beispiel für ein lineares Story Design könnte sein, dass der User verschiedene Möglichkeiten zu handeln hat. Allerdings laufen bis auf eine Möglichkeit alle darauf hinaus, dass der Zuschauer stirbt. Ihm wird zwar suggeriert, er könne sich frei entscheiden, in Wahrheit gibt es aber nur einen Handlungsstrang, der den Film voran treibt. Solche Entscheidungen können auch erzwungen werden, da das nicht Handeln ebenfalls zum Tod des Zuschauers führen kann.

Heimkino Simulatoren

Als die ersten HMD's auf den Markt kamen, folgten auch schnell die ersten Kino-Simulatoren. Es ist enorm beeindruckend, wie real so ein Kinosaal wirken kann. Stell dir vor, du sitzt in einem Fernbus und hast eine lange Fahrt vor dir. Du hast auf deinem Handy ein paar Serien dabei, die du gerne schauen möchtest. Allerdings ist dein Handy im Vergleich zu deinem Fernseher doch ein wenig klein. Die nächsten Stunden werden wahrscheinlich nicht ganz so unterhaltsam, wie du dir das wünschen würdest. Und jetzt stell dir vor, du hast deine Gear-VR dabei. Du setzt die Brille auf und findest dich plötzlich in einem riesigen Kinosaal wieder. Die Leinwand ist größer als jede Leinwand, die du je in der realen Welt gesehen hast. Und du hast die komplette Kontrolle über dein Kino. Du bestimmst, wann das Licht ausgemacht wird, wo du sitzt und welcher Film gerade läuft. Und es ist kein Mensch da, der dich stört. Du kannst dich komplett auf deinen Film konzentrieren, bis du an deinem Fahrziel angekommen bist. Oder du wolltest schon lange mit deinem besten Freund zusammen einen Film anschauen. Er macht aber derzeit ein Auslandssemester. Mit Hilfe von VR könnt ihr euch trotzdem den Film zusammen anschauen. Ihr befindet euch in demselben Kino, seht dasselbe und könnt euch ganz normal miteinander unterhalten.

Es muss auch nicht immer das klassische Kino sein. Vielleicht schaust du deine Filme lieber in einem Luxusapartment im 30. Stock über Manhattan? Oder, für die richtige Gruselatmosphäre, auf einem verlassenen Friedhof im Wald? Im Weltall, unter Wasser oder in den Gemeinschaftsräumen von Hogwarts, all das ist ohne Weiteres möglich.
Auch 3D-Filme stellen keine Herausforderung dar und der Effekt ist darüber hinaus auch noch wesentlich besser. Aber warum bei 3D aufhören? Bedenke, dass du dich in einer virtuellen Welt befindest, in der du alles geschehen lassen kannst. Stell dir vor, du schaust gerade "The Ring". Aber anstatt aus dem Fernseher klettert Samara plötzlich direkt aus der Leinwand heraus. Sie verlässt das Podest, klettert über die erste Stuhlreihe und macht sich auf den Weg zu dir. Immerhin weiß sie ja genau, an welcher Stelle du dich gerade im Kinosaal befindest.

Oder du schaust die Premiere des neuesten Blockbusters zusammen mit den Avataren der Filmstars aus dem Film. Der Regisseur sitzt direkt neben dir und erzählt dir interessante Details zu den Szenen, während plötzlich ein Auto durch die Wand des Kinos bricht und nur knapp vor dir zum Stehen kommt.

Immersive Filme - Potential von VR-Filmen

Leider verbinden viele Menschen mit VR-Filmen zum Teil sehr schlechte 360°-Videos. Es gab eine Zeit, in der jeder Aussteller auf einer Messe meinte, er müsse ein schlecht gestitchtes, monoskopisches 360°-Video in schlechter Auflösung auf eine Kugel projizieren lassen und den User in die Mitte davon stellen. Das dadurch eine Abwehrhaltung gegenüber "VR-Filmen" entstand, ist nicht weiter verwunderlich.
Heutzutage gibt es aber auch schon sehr gute VR-Filme. Die Auflösung und das Stitching[20] wurden deutlich verbessert. Moderne Kameras nehmen direkt ein stereoskopisches Bild mit einem Winkel von 180 Grad in alle Richtungen auf.

Auch wenn die meisten Filme bisher nur wenige Minuten dauern, so gibt es bereits ein paar, die sich an einer längeren Abspieldauer versuchen. Einer der bekanntesten, Miyubi, ist volle 40 Minuten lang und wurde von Oculus selbst produziert. Auch wenn 40 Minuten nach nicht viel klingen mag, hat man einmal für 40 Minuten eine VR-Brille auf und versucht der Story eines Filmes zu folgen, so merkt man, dass das nicht unbedingt etwas für VR-Neulinge ist.

Oculus treibt die VR-Filmbranche federführend voran. So haben sie bereits 2015 mit dem weltbekannten Basketballspieler LeBron ein 12-minütiges Video erstellt. 2017 stand Barrack Obama dann vor der Kamera und erstellte zusammen mit Oculus ein knapp 8-minütiges VR-Video,

20 Als "Stitching" bezeichnet man den Prozess, verschiedene Bilder so zusammen zu fügen, dass keine sichtbaren Übergänge entstehen.

das später sogar mit einem Emmy ausgezeichnet wurde. Solch eine Prominenz hilft ungemein dabei, VR dem Massenpublikum zugänglich zu machen und das "Gamer-Klischee" zu beseitigen, das die VR-Welt seit Jahren überschattet.
Auch der Kinofilm "Insurgent" hat einen Beitrag dazu geleistet, VR den Massen schmackhaft zu machen. In dem Film aus dem Jahr 2015 geht es unter anderem um andere Realitäten. Als Werbekampagne für den Film wurde, neben den "normalen" Trailern, auch ein kompletter VR-Trailer erstellt. Dieser Trailer hat eine Länge von 4:20 Minuten und ist unter dem Namen "Insurgent: Shatter Reality" auf YouTube zu finden. Er teleportiert den Zuschauer in die Filmwelt und versetzt ihn in die Rolle eines Hauptcharakters. Auch 3D-Scans der echten Schauspieler aus dem Film und deren Stimmen sind in die Experience eingebaut worden. Das verschafft der Experience eine ungeheure Tiefe.

Eine der bekanntesten Serien der Welt, "Game of Thrones", hat eine eigene VR-Experience, in der der User in einem Aufzug die "große Mauer" nach oben fährt, während er von den feindlichen Horden unter Beschuss genommen wird. Diese Experience ist allerdings nicht öffentlich zugänglich und ist nur in der offiziellen Ausstellung von "Game of Thrones" zu erleben.

Aber es sind nicht nur "reale" Filme, die hier betrachtet werden sollten. Auch in animierten Filmen steckt viel Potential. So haben wir hier überhaupt kein Problem ein sauberes, stereoskopisches 360°-Video zu erstellen. Es muss kein aufwendiges Stitching gemacht werden, es reicht in den meisten Fällen aus, ein paar Kameraeinstellungen zu ändern. Der User kann sich sogar in der Szene bewegen und sie aus unterschiedlichen Blickwinkeln betrachten, wenn das gewünscht ist. Eine Möglichkeit, die es so bei "realen" VR-Filmen nicht gibt.

Der erste animierte VR-Film, der speziell für diesen Zweck erstellt wurde, kommt ebenfalls aus dem Hause Oculus. Er heißt "Henry". Es geht um einen kleinen Igel der seinen Geburtstag feiert.

Auch das preisgekrönte Kurzfilmmeisterstück “Allumette” von den Penrose Studios versetzt den Zuschauer in eine komplett animierte Fantasy-Welt. Während der 15 Minuten Spielzeit wird der Zuschauer durch verschiedene Szenen geführt. Er kann die Orte dieser Welt selbst erkunden und findet immer wieder neue Details. “Allumette” ist ein hervorragendes Beispiel dafür, dass gutes Storytelling in VR nicht nur möglich ist, sondern auch eine emotionale Ebene bietet, die es so in klassischen Filmen bisher noch nicht gab.

Herausforderungen bei der Erstellung von VR-Filmen

VR-Filme stellen Filmemacher vor eine ganz neue Art der Herausforderung. Techniken, die über Jahrzehnte bei der Erstellung von Filmen als Grundlagen dienten, sind in VR plötzlich nicht mehr eins zu eins anwendbar. Goldener Schnitt? Bei einem 360°-Bild schwer beizubehalten. Kameraführung? Fehlanzeige. Wenn man vermeiden möchte, dass der User Motion Sickness bekommt, sollte die Kamera nur bewegt werden, wenn dieses Mittel mit Bedacht eingesetzt wird (Ratschläge hierfür findest du in dem Kapitel über Bewegung in VR und Motion Sickness). Und selbst das klassische Stilmittel eines jeden Filmes funktioniert in VR nicht mehr: der Schnitt. Macht man mehrere Schnitte kurz hintereinander, verliert der Zuschauer schnell die Orientierung. Der Fixpunkt geht verloren und ihm könnte schlecht werden. Diese Problematik wird sehr deutlich, wenn man sich überlegt, dass es in einigen Actionfilmen mehrere Schnitte pro Sekunde geben kann.

Auch für das Storytelling stellt VR eine ganz neue Herausforderung dar. Man kann nicht mehr sagen, wo der Zuschauer hinschauen wird. Vielleicht schaut er sich gerade ein Poster an der Rückwand des Zimmers an, während der Hauptcharakter gerade eine Schlüsselhandung am Eingang des Zimmers durchführt. Der Zuschauer muss ganz anders geleitet werden, wenn ihm eine 360°-Sicht zur Verfügung steht. Auch hier kommt wieder der Vorteil eines animierten Filmes zum Tragen. Mit Hilfe des Computers können wir jederzeit feststellen, wo der Zuschauer gerade hinsieht. Dadurch können wir dafür sorgen, dass der Film erst dann fortgesetzt wird, wenn der Zuschauer auch genau an die Stelle schaut, die gerade für die Handlung des Filmes von zentraler Bedeutung ist. Bei einem realen Film muss die Blickführung über Formen, Farben, Lichter und Sounds gesteuert werden. So könntest du zum Beispiel einen Schwarm Vögel in die Richtung fliegen lassen, wo der nächste Handlungsstrang ablaufen wird. Oder es gibt einen lauter Knall, der den Zuschauer dazu bringen soll sich umzudrehen.

Auch wenn du dir die raffiniertesten Tricks einfallen lässt, so kannst du am Ende trotzdem nicht hundertprozentig sicher sein, dass der Zuschauer auch alles sieht, was er sehen sollte. Aber das kannst du bei einem klassischen Film auch nicht sein. Die Herausforderung ist bei 360° nur noch einmal größer.

Ein Vorteil der 360°-Ansicht ist, dass der Zuschauer den Film öfter anschauen und immer wieder neue Details entdecken kann. Der Mensch kann mit einem Blick 150 Grad erfassen, also kann er sich den Film in der Theorie zwei Mal komplett anschauen und es gibt immer noch 60 Grad, die er dann noch nicht gesehen hat. Allerdings bedeutet das, dass auch diese Ecken mit Content gefüllt werden sollten. Die Praxis hat allerdings deutlich gezeigt, dass die Zuschauer sehr bequem sind. Gerade wenn der Film länger dauert, werden sich die meisten Zuschauer nicht mehr die Mühe machen, ständig in alle Richtungen zu schauen. Wir sind es von jahrzehntelanger Konditionierung vor dem Fernseher gewohnt, nur in eine Richtung zu schauen. Für dich als Filmemacher bedeutet das, dass du am Anfang deines Filmes dafür sorgen solltest, dass es genug Details gibt, die der interessierte Zuschauer entdecken kann. Im Laufe deines Filmes kann - und sollte - die Detailstufe aber auch wieder zurück genommen werden. Du kannst die Blicke der Zuschauer auch gezielt dadurch lenken, dass du Bereiche von wenig Relevanz für den Film mit weniger Details versiehst, als die relevanten Bereiche. Allerdings sind die Zuschauer schnell enttäuscht, wenn der "uninteressante" Bereich wirklich leer ist. Hier solltest du dich dann fragen: "Was ist der Nutzen von einem 360°-Video, wenn der Zuschauer sowieso nur auf eine bestimmte Stelle starren soll?"

Auch die aktuelle Hardware macht es den Konsumenten nicht gerade einfach, sich auf Dauer komplett frei zu bewegen. Die Kabel wickeln sich schnell um den Stuhl, wenn er sich dreht, oder noch schlimmer, um den Hals. Sitzt man nicht gerade in einem Drehstuhl, wird es sowieso schwierig, sich während der Experience zu drehen. Es gibt allerdings schon einige Stühle, bei denen die Kabelführung integriert ist. Ein Verwickeln ist so nicht mehr möglich. Außerdem haben diese Stühle ein weiteres integriertes Feature: Wenn der Blick des Users einen bestimmten Winkel zu einer Seite überschreitet, dreht sich der Stuhl automatisch in diese Richtung. Der User kann sich so komplett frei umsehen, ohne dass er dafür einen Joystick oder einen anderen Input-Controller verwenden muss.

Aber es gibt noch weitere Herausforderungen, die man eventuell erst bemerkt, wenn es bereits zu spät ist. In VR werden Dinge anders wahrgenommen, als bei einem klassischen Film. Ein gutes Beispiel dafür ist der oben erwähnte Film "Henry". Bei ihm gibt es eine Szene, in der der Protagonist auf den Zuschauer zu rennt, stolpert und hinfällt. Eine Szene, die in einem klassischen Film bestimmt für ein paar Lacher gesorgt hätte. In VR ist die Situation allerdings eine komplett andere. Es wird dem Zuschauer das Gefühl suggeriert, wirklich in dieser anderen Welt zu sein. Er sieht den Charakter in Lebensgröße vor sich, erkennt seine Emotionen und kann sich viel leichter in den Charakter hineinversetzen. Da der Zuschauer nun nicht mehr die Distanz durch den Bildschirm hat, sondern alleine mit dem Charakter in dem Raum steht, spürt er in dem Moment, als er plötzlich fällt, keine Belustigung, stattdessen verspürt er Mitleid. Es ist also sehr wichtig, dass man als Filmemacher seinen Film auch schon in frühen Phasen in VR testet, um einen Eindruck davon zu bekommen, wie er auf den Zuschauer wirkt.

Was für das VR-Filmgenre gut denkbar ist, sind Filme, die komplett aus der Egoperspektive gedreht werden. Eine Herausforderung, der sich bisher nur ein einziger Kinofilm gestellt hat: Im Jahr 2015 kam der Film "Hardcore Henry" nach einer erfolgreichen Kickstarter-Kampagne auf die Leinwand. Dieser Film wurde komplett aus der Egoperspektive gedreht. Entgegen den Erwartungen vieler Filmkritiker, wurde den Zuschauern nicht schlecht und die Handlung des Filmes konnte, trotz vieler Einschränkungen, verständlich übermittelt werden. Ob diese Perspektive dann auch in VR funktioniert, bleibt abzuwarten.

Dokumentationen

Auch Dokumentationen in VR freuen sich wachsender Beliebtheit. In dem letzten Kapitel haben wir bereits festgestellt, dass der Zuschauer in VR ganz anders auf seine Umgebung reagiert, als bei einem Film auf einem klassischen Bildschirm. Es ist viel mehr Empathie möglich. Sowohl im positiven, als auch im negativen Sinne. Wenn wir Menschen sehen, die sich freuen und feiern, werden wir auch viel leichter von dieser Emotion gepackt. Schließlich sind wir mitten im Geschehen. Sehen wir allerdings Menschen, die unter extremen Bedingungen leben müssen, fühlen wir uns diesen Personen viel eher verpflichtet. Die unpersönliche Distanz wird viel stärker eliminiert, als wenn uns ein Bildschirm von dem Geschehen im Film trennt. Die andere Person steht uns plötzlich wirklich gegenüber, schaut uns direkt in die Augen und spricht mit uns.
Hier gibt es einen eindrucksvollen Film, in dem der Alltag eines afrikanischen Mädchens dokumentiert wurde. Die Luxusprobleme unserer europäischen Wohlstandsgesellschaft erscheinen dem Zuschauer nach dem Film dagegen klein und unbedeutend. Durch das Seherlebnis hat der Zuschauer auch die Möglichkeit seine eigene Perspektive auf die Welt zu relativieren und sie durch die Augen einer anderen Person zu sehen.

Streaming

Auch beim Streaming können wir das Erlebnis durch VR erweitern. Betrachten wir beispielhaft das PC Game "League of Legends". Anstatt den Stream auf einem einzelnen Bildschirm zu verfolgen, können wir hier den Stream auf einer riesigen Leinwand genießen. Die Leinwand und ihre Umgebung sind komplett in dem Stil des Spiels designed. Alles passt zusammen und versetzt uns alleine dadurch schon in das Spiel. Neben der

Leinwand stehen die 3D-Charaktere aus dem aktuellen Spiel. Vor uns befindet sich ein Tisch auf dem das komplette Schlachtfeld zu sehen ist. Hier bekommen wir Echtzeitinformationen zu den aktuellen Positionen aller Helden und Gegner. Die einzelnen Helden sind interagierbar. Ein Klick auf den Helden und man bekommt alle relevanten Informationen zu ihm angezeigt. Wie viel Lebensenergie hat er, wie viele Gegner hat er bereits getötet, was hat er im Inventar und wie viel Schaden macht er aktuell?

Wir sind hier auch nicht auf einen einzelnen Bildschirm beschränkt, wir können uns die Bildschirme aller Spieler gleichzeitig anzeigen lassen.
Und der Spieler muss auch nicht alleine in dem Raum sein. Wie wäre es, das Spiel zusammen mit seinen Freunden in derselben Lobby zu betrachten? Man steht sich an dem Tisch gegenüber, kann das Geschehen verfolgen und sich unterhalten. Eine ganz neue Art von Streaming.

Reisen

Ein weiterer großer Traum der Menschheit ist die Teleportation. Sich innerhalb weniger Sekunden an jeden beliebigen Ort teleportieren zu können, wer träumt nicht davon? Leere Autobahnen, keine Staus, keine Umweltverschmutzung und eine enorme Zeitersparnis. Allerdings könnte es einige Probleme im Bezug auf die Privatsphäre geben, wenn es die Möglichkeit gäbe, sich an jeden Ort der Welt zu teleportieren. Und darüber hinaus, glaubst du es wäre wirklich so schön, wenn du die ganzen tollen Orte besuchen könntest, von denen du schon einmal gehört hast? So wie dir geht es wahrscheinlich Millionen anderer Menschen auch. Wenn jeder die Möglichkeit hat, sich an jeden beliebigen Ort zu teleportieren, werden die schönsten Orte unserer Erde schnell gnadenlos überlaufen sein. Anders sieht es allerdings bei virtuellen Reisen aus. Hier hast du auch die Möglichkeit innerhalb weniger Sekunden an jeden beliebigen Ort der Welt zu gelangen. Und nicht nur das, da du dir keine Sorgen um Sauerstoff, Temperatur oder wilde Tiere machen musst, bist du in deiner Auswahl komplett frei.

Und das Beste ist, dass du den Ort entweder ganz für dich alleine haben oder auch eine Multiplayer-Reise mit deinen Freunden antreten kannst.

Google Earth bietet bereits erste Eindrücke, wie das einmal aussehen könnte. Google hat bereits ein sehr beeindruckendes 3D-Modell der kompletten Welt erschaffen. Der Detailgrad der 3D-Modelle schwankt allerdings stark. Hauptstädte sind häufig bereits komplett mit 3D-Daten verfügbar. In ländlichen Gegenden findet sich häufig nur eine flache Ansicht der Umgebung wieder. Anders sieht es bei Experiences aus, die speziell für ein bestimmtes Gebiet gemacht wurden. Ein gelungenes Beispiel ist die Mount Everest Besteigung im Himalaya von Sólfar Studios[21]. Kombiniert man diese Experience mit der von Google Earth, eröffnet sich unglaubliches Potential. Schon jetzt kann man mit Hilfe von Google Earth an fast jeden Punkt der Erdoberfläche reisen. Man kann historische Orte besuchen, fremde Länder erkunden oder seine wöchentliche Bike Tour planen. Die Anwendungsmöglichkeiten sind unendlich. Und dank der Integration von Google Street View kann man sich 360°-Bilder von allen Orten anschauen, an denen User solche Bilder hinterlegt haben.

Reisen ist auch für den Immobilienmarkt von zentraler Bedeutung. So können sich Kaufinteressenten direkt im Immobilienbüro die verschiedenen Objekte ansehen und digital begehen. Gerade bei Investitionen im Ausland wird hier enorm viel Reisezeit gespart. Auch wenn eine reale Begehung wahrscheinlich trotzdem nicht ausbleibt, so kann doch eine erste Vorauswahl getroffen werden. Damit müssten dann eventuell nur noch drei der 10 Objekte real besucht werden.

Selbiges gilt für die Reisebranche. Man wird seine Reiseentscheidung nicht mehr lediglich anhand der Informationen in einer Broschüren treffen müssen, mit Hilfe von VR wird man binnen weniger Sekunden vor Ort sein können. Man kann sich das Hotel, die Umgebung und interessante Reiseziele anschauen und sich ein eigenes Bild von den Gegebenheiten machen.

21 http://store.steampowered.com/app/384750/EVEREST_VR/

Zeitreisen

Zeitreisen, ein weiterer Traum der Menschheit, könnte durch VR ebenfalls möglich gemacht werden. Zumindest zu einem größeren Teil, als es bisher der Fall gewesen ist. VR-Brillen bieten die Möglichkeit, die Gegenwart viel besser und realitätsnaher zu konservieren, als es bisher möglich gewesen ist. Zukünftige Generationen können sich so viel immersiver in unsere heutige Zeit zurück versetzen und dadurch die Vergangenheit erfahren. Und auch Zeitreisen in längst vergangene Tage können in der virtuellen Realität immersiv dargestellt werden. Historische Ereignisse können mit Hilfe alter Aufzeichnungen detailgetreu nachgestellt werden.

Aber wie sieht es in die andere Richtung aus? Zeitreisen in die Zukunft bieten noch einmal eine ganz andere Art der Herausforderung. Woher wissen wir, was in der Zukunft passieren wird? Darüber können wir nur Vermutungen anstellen. Noch besser als wir das je könnten, werden das schon bald künstliche Intelligenzen können. Wenn wir intelligente Systeme haben, welche anhand bestimmter Werte Zukunftsszenarien simulieren, wird uns ein Blick in eines (von vielen möglichen) Zukunftsszenarien gewährt. Dadurch ist es möglich dem Menschen die Folgen seines Handelns konkret vor Augen zu führen. Der Mensch ist ein sehr visuelles Wesen. Jeder von uns hat zum Beispiel schon von dem Klimawandel gehört. Auch dessen mögliche Folgen wurden bereits häufig erläutert. Es ist aber trotzdem etwas anderes, wenn man plötzlich in einer simulierten Zukunftswelt lebt, in der die Menschheit mit den Folgen des Klimawandels, für den wir heute verantwortlich sind, leben muss. So könnte es sich der Anwender vielleicht zweimal überlegen, bevor er eine Entscheidung trifft, welche zwar auf kurze Sicht angenehmer erscheint, auf lange Sicht aber deutlich schwerwiegendere Folgen hat. Selbiges gilt auch für politische Wahlen. Was könnten die Langzeitfolgen einer Entscheidung sein? Wer schon einmal den Film "Butterfly Effect" gesehen hat, bekommt eine gute Vorstellung darüber, was bereits kleinste Veränderungen in der Geschichte für Auswirkung auf deren Ende haben können. Eventuell wird es spezielle Wahlsimulatoren geben, ähnlich unserer heutigen Wahl-O-Maten. In diesen Simulatoren kann man sich mögliche Zukunftsszenarien anschauen und seine Wahl aufgrund der eventuellen Langzeitfolgen besser treffen. Wenn wir uns anschauen, was für einen enormen Sprung die Technik alleine in den letzten 10 Jahren gemacht hat, ist das ein Zukunftsszenario, welches nicht so unwahrscheinlich ist.

Psychologie

Mit Hilfe von VR gelingt es uns relativ einfach, das Gehirn zu überlisten. Diese Tatsache machen sich bereits einige Psychologen zunutze. Es gibt einige Studien, die den Erfolg von VR-Therapien bei psychologisch bedingten Krankheiten belegen[22]. Aber das Potential ist noch lange nicht ausgeschöpft. Viele psychologische Probleme finden ihren Ursprung in vergangenen Erlebnissen des Patienten. Diese sind sehr persönlicher Natur und nur schwer in VR darzustellen. Eine Bewältigungs- beziehungsweise Konfrontationstherapie kann in den meisten Fällen nur in sehr abstrakter Form dargestellt werden.

Vielversprechende Ansätze bietet VR zum Beispiel bei der Behandlung von Phantomschmerzen[23]. Phantomschmerzen treten häufig bei Amputationspatienten auf. Fehlende Nervensignale des verlorenen Körperteils werden vom Gehirn als Schmerzsignale interpretiert. Linderung schafft die Spiegeltherapie, bei der der Patient so vor einen Spiegel gesetzt wird, dass er an der Stelle der Amputation eine Spiegelung seines vorhandenen Armes/Beines sehen kann. Macht er jetzt Übungen und konzentriert sich während dessen auf die Spiegelung, wird dem Gehirn suggeriert, die fehlende Extremität sei vorhanden und funktionsfähig. Eine Linderung der

22 Siehe zum Beispiel die Studie von Carlin, Hoffman und Weghorst, 1997, welche bereits damals über erste Erfolge in der VR-Therapy berichtet. Und heute ist die Technik bereits deutlich fortgeschrittener. (https://www.hitl.washington.edu/projects/exposure/)

23 https://www.aerztezeitung.de/medizin/krankheiten/schmerz/article/925781/virtuelle-realitaet-training-virtuellem-arm-stoppt-phantomschmerz.html

Schmerzen ist dadurch möglich. Allerdings ist unser Gehirn seit Langem mit dem Prinzip eines Spiegels vertraut. Es benötigt also einiges an Arbeit, damit sich das Gehirn auf diesen Trick einlässt. In VR ist es einfacher, das Gehirn zu manipulieren. Hier können wir den Avatar des Patienten komplett wiederherstellen und ihn verschiedene Übungen durchführen lassen. Der Einsatz von Spiegeln und eine fixe Körperposition ist hier nicht notwendig.

Auch Patienten, die unter starken Verbrennungen leiden, berichten von Linderung der Schmerzen, wenn sie in VR einer Umgebung ausgesetzt werden, die komplett aus Schnee und Eis besteht.[24]

Darüber hinaus bietet VR auch bei auch Phobien ein großes Heilungs- oder Besserungspotential.[25] In VR ist es möglich, Patienten viel sanfter an ihre Ängste heranzuführen. So kann man bei Höhenangst sehr langsam anfangen und stufenlos und ohne große Kosten steigern. Im realen Leben ist man schnell limitiert und hat nur ein paar wenige Stufen, die einem zur Verfügung stehen. Außerdem sind viele Patienten eher gewillt sich auf dieses Experiment einzulassen, wenn sie eine VR-Brille aufhaben und es "nur" mit einer digitalen Spinne zu tun haben. So willigten Patienten mit einer Spinnenphobie ein, sich in VR eine kleine Spinne anzusehen.[26] Ein Erlebnis, das sie in der Realität um jeden Preis vermeiden wollten. Die Spinne wurde anfangs so verändert, dass sie weniger angsteinflößend auf die Patienten wirkte. Zum Beispiel indem man sie sehr comichaft dargestellt und ihr ein albernes Kostüm angezogen hat. Nach und nach wurde der Stil der Spinne dann realistischer und die Spinne wuchs auf ihre normale Größe an. Nach einigen Sitzungen waren viele Patienten sogar dazu in der Lage, die Spinne über die Hand ihres Avatares laufen zu lassen.

24 https://www.medizintechnologie.de/infopool/medizin-technologie/2017/virtuelle-therapie-reale-wirkung/

25 https://www.hitl.washington.edu/projects/exposure/

26 http://www.itsyvr.com/

Nachdem sie das Ganze in VR bereits häufig erlebt hatten, ohne dass ihnen dabei etwas Schlimmes passiert war, war es ihnen auch in der Realität möglich, sich ihrer Angst zu stellen.

Das Prinzip lässt sich nicht nur auf Phobien anwenden, auch im allgemeinen Kontext des Lernens findet es Anwendung. Wenn wir uns beispielsweise das erste Mal hinter das Steuer eines Autos setzen, ist das für viele ein ungewohntes Gefühl, das, je nach Persönlichkeit, mit mehr oder weniger Angst verbunden ist. Das Gehirn wird hier vor eine Aufgabe gestellt, die es vorher noch nicht erfolgreich gelöst hat. Es hat somit keine internen Referenzen, auf die es sich beziehen kann. Das Erlebnis ist dadurch bei vielen mit starker Nervosität verbunden. Wenn die Fahrschüler vorher allerdings einige Male in VR "Probe fahren" konnten, hat das Gehirn genügend Referenzen gesammelt, um selbstbewusst zu sagen: "Diese Aufgabe habe ich in der Vergangenheit bereits mehrfach erfolgreich bestanden, es gibt keinen Grund nervös zu sein. " Außerdem wird somit die Gefahr eliminiert, materiellen oder, noch schlimmer, physischen Schaden bei Fehlverhalten davon zu tragen.

Das lässt sich vom Autofahren auf beliebig viele andere Bereiche übertragen. Flugzeug fliegen, Panzer fahren, Operationen durchführen, vor einer großen Menge Menschen sprechen oder auf fremde Menschen zugehen sind nur einige Anwendungsmöglichkeiten, in denen dieses Verfahren bereits erfolgreich eingesetzt wird.

Social-VR

Social-VR ist auf dem Vormarsch. Und je weiter die VR-Brillen verbreitet sind, desto wichtiger wird der soziale Aspekt, der bei diesen Erfahrungen an erster Stelle steht. Wir reden hier von Anwendungen, in denen mehrere hundert, tausend oder sogar Millionen Menschen miteinander in einer virtuellen Welt – oder virtuellen Welten – interagieren können.

Aber fangen wir klein an. Auch ein simpler Chatraum in VR fällt schon unter die Kategorie Social-VR. "Facebook Spaces" ist eine Anwendung, die auf jeden Fall an dieser Stelle genannt werden sollte. Hier kann man sich mit seinen Facebook-Freunden in einer virtuellen Welt treffen. Es gibt einige Funktionen, die stetig ausgebaut werden. Im Fokus stehen natürlich Chatten und Spielen, aber auch das Teilen von 360°-Fotos und -Videos ist möglich. So kann man seinen Freunden die letzten 360°-Urlaubsbilder zeigen, virtuelle Selfies machen und sie an Freunde verschicken. Oder man malt dem anderen mit einem "magischen" Stift einen Schnurrbart oder einen Hut, den er dann anziehen kann. Der Kreativität sind keine Grenzen gesetzt. Es gibt Leute, die komplette Schachfelder mitsamt der Figuren gezeichnet haben, um so eine virtuelle Runde Schach gegen ihre Freunde zu spielen. Man kann also schon fast von einem Sandbox-Spiel sprechen. Auch die Interaktion mit "Nicht VR"- Freunden stellt kein Problem dar. Befürchtungen, Facebook werde die neue Welt mit Werbeeinblendungen überfluten, konnten bisher noch nicht bestätigt werden.

Virtuelle Meetingräume

Auch ein Business Meeting kann in Zukunft in einem "virtuellen Meetingraum" abgehalten werden. Stell dir einen Raum vor, der genau deinen Erwartungen und Ansprüchen entspricht. Es ist alles Erdenkliche vorhanden, was man sich für so ein Meeting nur wünschen kann. Da spielt es auch keine Rolle, ob es um einen großen Konzern oder um ein kleines Start-up geht. Es fallen keine Anschaffungs-, keine Instandhaltungs- und keine Raumkosten an (wenn wir einmal über die vergleichsweise geringen Anschaffungskosten eines VR-Setups hinweg sehen).Auch über die Zusammenführung der neuen Technik mit gewohnten Arbeitsabläufe wurde bereits nachgedacht. So werden Zeichnungen und Diagramme von dem digitalen Whiteboard im Anschluss direkt als PDF gespeichert und können per Mail an alle beteiligten Personen geschickt werden. Oder die 3D-Abteilung kann die neuesten Visualisierungen ihrer 3D-Modelle direkt als rotierendes Hologramm in der Mitte des Tisches präsentieren. Jeder kann sich das Modell in voller Größe anschauen und Änderungsvorschläge direkt an das Modell heften. Dieses Feedback wird dann automatisch an die zuständige Abteilung zur Überarbeitung geschickt.

Virtuelles Dating

Auch VR-Dating ist ein schönes Beispiel für soziale Interaktionen in VR. Facebook hat eine eigene Reihe gemacht die sich genau mit diesem Thema befasst.[27] Bei "Virtually Dating" treffen sich zwei fremde Menschen zu ihrem ersten Date. Das Ganze findet komplett in VR statt. Beide befinden sich in demselben Raum und können miteinander interagieren. Ihre Avatare werden mithilfe eines 3D-Scans erstellt und haben daher eine gewisse Ähnlichkeit mit ihren realen Körpern. Als Eingabemethoden werden die HTC Vive und das Motion Capturing System von Axis Neuron verwendet. So ist ein Ganzkörpertracking möglich. Die Interaktionen werden nicht perfekt synchronisiert. Es gibt immer wieder Tracking-Fehler und die Hand des Anderen ist nicht genau an der Stelle, wo sie in der Realität ist. Das zerstört das Experiment allerdings nicht, sondern hilft sogar dabei, die Stimmung aufzulockern. Die Probanden haben direkt Spaß und lassen sich komplett auf das Experiment ein. Stell dir vor, du willst deinem Gegenüber ein "High Five" geben, die reale Hand ist aber nicht genau an der gleichen Stelle, wie die virtuelle Hand und du haust in die Luft (oder auf den Kopf des Anderen). Die Hemmschwelle wird dadurch deutlich gesenkt und einer entspannten Konversation steht Nichts im Wege. Man hat auch nicht das Problem, durch das Aussehen der anderen Person eingeschüchtert zu werden. Die VR-Avatare sehen den realen Personen zwar annähernd ähnlich, aber alleine durch die Clipping-Fehler wird das Ganze schnell zu einem sehr heiteren Erlebnis. Zusätzlich werden die Probanden in verschiedene Umgebungen gesetzt, in der sie gemeinsam Aufgaben lösen müssen. Einmal werden sie von Zombies verfolgt und verwandeln sich dann selber in Zombies, das andere Mal sind die Astronauten und Aliens, die auf der Mondoberfläche stehen und gemeinsam die Erde aus dem Weltall betrachten. Oder sie finden sich in einer 70er Jahre Diskothek

27 https://www.facebook.com/VirtuallyDating/

wieder, in der sie aufgefordert werden, zusammen zur Musik zu tanzen. Die Probanden können so sehr einfach gemeinsame Erlebnisse erleben, die sie miteinander verbinden und an die sie sich sehr gerne zurück erinnern. Ganz besonders dann, wenn diese Erfahrung eine der ersten Erfahrungen in VR gewesen ist.

Nachdem das erste VR-Date vorbei ist, sehen sich die Probanden das erste Mal in der Realität. Anschließend werden sie gefragt, ob sie zusammen auf ein zweites Date gehen möchten. Und bisher haben auch alle ja gesagt. Immerhin haben sie so ein tolles Erlebnis in dieser virtuellen Welt miteinander geteilt. Ob das zweite Date in der realen Welt da mithalten kann, nachdem sie auf ihrem ersten Date bereits in einem Raumschiff waren und gemeinsam die Welt vor einer Alien-Invasion gerettet haben…? Ich wage es zu bezweifeln. ;)

Virtuelle Welten

Bisher haben wir uns dem Thema Social-VR aus der Sicht einer kleinen Menge von Usern genähert. Schauen wir uns das Ganze einmal an, wenn wir die Anzahl der involvierten Benutzer skalierien. In Apps wie "AltspaceVR"[28] sind mehrere tausend Menschen zusammen in dieser virtuellen Welt. Ihnen werden verschiedene Möglichkeiten gegeben, in dieser Welt miteinander zu agieren. Man kann verschiedenen Tätigkeiten nachgehen: gemeinsam Videos schauen, Karaoke singen und auf eine 80er Jahre Disco Party gehen, eine Stand-up-Comedy Vorführung eines bekannten Comedian besuchen, sich einen wissenschaftlichen Vortrag von Bill Nye anschauen, einen Tech-Talk besuchen, Sprachen lernen oder an einem "Talk like a pirate"-Event teilnehmen, um nur ein paar Möglichkeiten zu nennen. Es gibt auch Spiele, die man in dieser Welt gemeinsam spielen kann. Diese haben bisher alle den sozialen Aspekt im Fokus.

28 https://altvr.com/

Erreicht hat "AltspaceVR" seine beeindruckende Anzahl an User übrigens durch eine clevere Herangehensweise. Da die Zahl der User, die überhaupt ein VR-Headset besitzen, sehr gering ist, wollten die Entwickler diese Zahl nicht noch weiter eingrenzen, indem sie sich auf ein bestimmtes VR-Headset beschränken. Es ist mit so gut wie jedem VR-Headset möglich, sich in diese Welt einzuloggen und in ihr zu interagieren. So hat ein User, der sich mit einem Cardboard einloggt, zwar nicht dieselben Möglichkeiten, wie ein User der ein komplettes VR-Setup mit Motion Capturing hat, er kann aber trotzdem in die Welt eintauchen, mit anderen reden und einfache Aktionen ausführen.

Es gibt mittlerweile einige Entwicklerstudios, die an verschiedenen Varianten des Social-VR Spielprinzips arbeiten. Einige haben sehr ambitionierte Ziele. Sie wollen die nächste Iteration des bekannten Social Games "Second Life" generieren, ein Ebenbild der "Oasis", wie sie in dem Bestseller "Ready Player One" von Ernest Cline beschrieben wird. Da die meisten Studios sehr klein sind, benötigen sie Hilfe von ihrer Community, um eine Vielzahl an virtuellen Welten zu erschaffen, die alle unterschiedlich sind. Entwickler bekommen ein Stück Land, oder einen komplett eigenen Planeten, und können diesen nach ihren Wünschen gestalten (soweit die zugrunde liegende Game Engine das zulässt). Auch Oculus und Valve haben erst kürzlich eine eigene Version ihrer virtuellen Sandbox-Umgebung vorgestellt, in der Entwickler Welten bauen und diese in die Game Lobby ihrer VR-Headsets integrieren können.
Ein Studio hat es sogar geschafft, digitales Land für Kryptowährungen (in diesem Fall Etherium) zu verkaufen[29]. Sie haben damit mehrere Millionen Dollar erwirtschaftet, um die Entwicklung ihres Spiels voranzutreiben. Andere Studios verkaufen nicht nur das Land, sondern gleich komplette Häuser. Angefangen von der einfachen Holzhütte auf einem kleinen Fleck Land, bis hin zu einem futuristischen Haus mit einem enormen Grundstück. Auch wenn hier einige Möglichkeiten geboten werden, so liegt die endgültige Anziehungskraft immer in der Community. Erst wenn genügend Leute diese Welt besiedeln, wird es zu einer immersiven virtuellen

29 https://decentraland.org/

Realität, in die man immer wieder gerne eintaucht. Auch an klassischen MMORPG's[30] wird derzeit gearbeitet. Hier geht es in erster Linie darum, seinen Avatar durch verschiedene Herausforderungen zu führen, ihn besser auszurüsten, Level aufzusteigen und neue Fähigkeiten zu erlernen. Zu den sowieso schon enormen Herausforderungen kommt, neben der verhältnismäßig geringen Anzahl an VR-Usern, das Problem der Fortbewegung in diesen Games hinzu. Wie kann man den Kampf herausfordernd machen, wenn man sich jederzeit einfach wegteleportieren kann. Und wie kann sich der Spieler durch diese riesigen Welten bewegen? Wie verhindere ich als Entwickler, dass der Spieler einfach durch Wände läuft, durch die er nicht laufen sollte? Das Spiel "Gorn" verfolgt hier einige gute Ansätze, was den Nahkampf in VR-Games angeht.

(Aus-) Bildung

VR wird bereits seit mehreren Jahrzehnten in der Ausbildung erfolgreich eingesetzt. Jedoch bisher meistens in Bereichen, zu denen der Normalverbraucher nur eingeschränkt oder überhaupt keinen Zugriff hatte. Diese Schulungen umfassten zumeist Szenarien, in denen mit lebensgefährlichen Situationen umgegangen werden musste oder die den Umgang mit teuren Gerätschaften beinhalteten.

Nachdem VR nun langsam den Einzug auf den Massenmarkt gefunden hat, beschäftigen sich immer mehr Ausbilder mit dem Thema und versuchen, VR in die Aus- und Weiterbildung zu integrieren. Die Vorteile liegen auf der Hand. Der Umgang mit komplexen Themen kann anschaulich dargestellt werden. Die Auszubildenden befinden sich in einer Umgebung, in der ihnen unendlich viele (in der Realität sehr teure) Ressourcen zur Verfügung stehen. Es besteht auch keine Gefahr, jemanden anderes, oder sich selbst, zu verletzen. Ein Ablauf kann beliebig oft wiederholt und optimiert werden. Für das Gehirn hat diese Herangehensweise den positiven Effekt, dass Abläufe gelernt werden und Sicherheit in ihre Umsetzung

30 Massively Multiplayer Online Role-Playing Games

aufgebaut wird. In der virtuellen Umgebung sind Dinge möglich, die in der Realität nicht realisierbar wären. So kann ein komplexer Vorgang zum Beispiel in halber Geschwindigkeit ablaufen, bis der Auszubildende die Prozedur auf dieser Geschwindigkeit gemeistert hat. Erst dann steigert sich das Tempo langsam weiter. Fehler können komplett von dem Programm dokumentiert und automatisch analysiert werden. Oder der Auszubildende kann mit Hilfe seiner Controller komplexe Maschinen aufschneiden, um den zu lernenden Vorgang im Inneren zu beobachten und zu verstehen. Er kann sich auf 1/100 seiner Größe skalieren, um so jedes Detail genauestens analysieren zu können.

Ein bekanntes Beispiel, das derzeit in diversen VR-Foren kursiert, ist die Ausbildungsexperience von KFC. Hier wird der Auszubildende durch ein etwa 8-minütiges Ausbildungsprogramm geleitet, in dem er die richtige Zubereitung von Hähnchenteilen erlernen soll. Allerdings sorgt hier nicht das Thema, sondern die Umsetzung der Experience für Aufsehen. Der Auszubildende befindet sich in einer, doch eher untypischen, Umgebung, die sowohl beängstigend, als auch skurril wirkt. Geleitet wird er von der Stimme von Colonel Sanders[31], dessen Portrait den Auszubildenden von den Wänden aus ständig beobachtet. Die Hähnchenteile werden mit Hilfe von Roboterarmen verarbeitet, die aus der Decke ragen. Ob diese Experience wirklich der Ausbildung dient, ist fragwürdig. Die gezeigten Abläufe sind wenig komplex und die Umgebung ist wenig geeignet für eine Experience, die in erster Linie der Ausbildung dienen soll. Das Ganze ist wohl eher als Marketing-Gag zu verstehen und hat so auch gut funktioniert.

Aber auch andere bekannte Arbeitgeber haben bereits erfolgreich VR in ihr Ausbildungsprogramm integriert. Ganz weit vorne ist dabei die Automobilindustrie. Hier können Auszubildende komplexe technische Abläufe erlernen, ohne dass viel Geld bei einem falschen Handgriff auf dem Spiel steht.

---

31 "Colonel" Harland David Sanders war amerikanischer Geschäftsmann und Gründer der Fastfood Kette Kentucky Fried Chicken.

Auch die Angestellten von Wal-Mart werden mit Hilfe von VR auf den Black Friday Sale vorbereitet. Ein Event, das nur einmal im Jahr statt findet und während dessen keine Zeit wäre, neues Personal anzulernen.

Auch in der schulischen Ausbildung zeigt VR großes Potential. Es ist etwas ganz anderes, wenn man im Biologieunterricht plötzlich in der menschlichen Blutbahn ist, mit den Blutplasmen durch die Adern fließt und das menschliche Herz in Aktion erleben kann. Oder wenn man im Geschichtsunterricht eine Reise ins Alte Rom unternehmen kann und sieht, unter welchen Umständen die Menschen damals gelebt haben. Historische Ereignisse bekommen in diesem Zusammenhang plötzlich eine ganz andere Bedeutung. Und aus der Psychologie wissen wir, dass man neues Wissen umso besser behält, je mehr Sinne bei dessen Aufnahme beteiligt sind. Natürlich ist es vorerst unpraktikabel, jedem Schüler ein komplettes VR-System zu verschaffen. Schon die passende Räumlichkeit dafür bereit zu stellen, dürfte bei den meisten Schulen problematisch werden. Das ist aber auch überhaupt nicht notwendig. Die Schüler könnten sich mit Hilfe eines Cardboards in einer entsprechenden App einloggen. Das Cardboard kostet 5 Euro und das dafür benötigte Handy dürften 95% der Schüler bereits besitzen. Für die restlichen 5% lassen sich Leihgeräte über die Schule organisieren. Es laufen derzeit bereits erste Pilotprojekte dieser Art. Der Lehrer hat an seinem Platz im Gegensatz zu den Schülern ein komplettes VR-System zur Verfügung. Er kann sich in der Experience frei bewegen, kann mit Gegenständen interagieren, kann die Zeit anhalten oder rückwärts laufen lassen. Er hat die volle Kontrolle darüber, was passiert und wann die nächste Szenerie geladen wird. Er sieht alle Schüler die eingeloggt sind, kann Fragen stellen und diese von jedem Schüler beantworten lassen. Er bekommt direkt eine Übersicht über alle Antworten und kann sehen, welche Schüler die Frage richtig beantwortet haben. Die Schüler sehen nur das, was der Lehrer ihnen freigibt. So kann er beispielsweise ein YouTube-Video einblenden, das für die komplette Klasse sichtbar ist. Dann kann er die Schüler automatisch in kleine Gruppen aufteilen lassen. Die Gruppen werden im Anschluss in ein separates, virtuelles Klassenzimmer teleportiert und arbeiten dort gemeinsam an einer Analyse des Videos. Der Kurs müsste auch nicht vor Ort statt finden. Der Lehrer könnte sich in einer anderen Schule, sogar in einem komplett anderen Land befinden. Die Unterrichtseinheiten könnten auch ohne Probleme aufgenommen werden, für den Fall, dass ein Schüler eine Stunde verpasst. Kurse mit mehreren hundert Schülern sind dann auch kein Problem mehr. Jeder Schüler sitzt in der ersten Reihe, hat uneingeschränkte Sicht und hört alles perfekt. In seinem Inventar befinden sich alle Unterlagen, die er für diese Unterrichtsstunde benötigt. Die Mikrofone der Schüler sind stumm geschalten und werden erst aktiviert, wenn der Lehrer das möchte. Zum Beispiel wenn einer der Schüler eine Frage beantworten soll.

Durch diese Art des Lernens könnten wir wieder zu einer wesentlich effizienteren Methodik des Lernens zurückkehren: der Methodik des Meisterns. In der Antike war es üblich, dass man erst in den nächsten Rang gelangte, nachdem man ein Thema komplett gemeistert hatte. Auch wenn das bedeutete, dass man mehrere Jahre auf einer Stufe blieb, um wirklich jeden Aspekt eines Themas zu verstehen. In der modernen Schulbildung kommt ein Schüler auch weiter, wenn er ein Thema nur ansatzweise verstanden hat. Die dabei entstehenden Lücken weiten sich mit der Zeit immer weiter aus. Zusammenhänge sind schwierig zu erkennen. Wenn man die Grundlagen der Mathematik nicht verstanden hat, wird man später auch keine komplexen mathematischen Formeln verstehen können. Bei einer virtuellen Ausbildung könnte sich der Lehrplan ganz nach den individuellen Bedürfnissen richten. Es muss kein Lehrplan erstellt werden, der für jedes Kind in ganz Deutschland gültig ist. Eine Aufgabe, an der die derzeitige Schulbildung nur scheitern kann. Fächer in denen man Stärken hat, müssen nicht so langsam unterrichtet werden, dass auch der langsamste Schüler mitkommt. Diese Fächer können schnell gemeistert werden und der Schüler kann sich mit Fächern beschäftigen, in denen es noch Lücken gibt. Eine entsprechende App hätte ein eigenes Schülerprofil und kennt den genauen Stand seines Schülers. Der Lehrplan wird speziell für den Schüler geschrieben und ständig dem aktuellen Wissensstand angepasst. Eine Prüfung ist dann auch nicht mehr notwendig, da der Computer ganz genau weiß, was der Schüler bereits beherrscht und was nicht.

Der Gefahr des "Bulimie-Lernens" oder des Abschreibens wird so Einhalt geboten.

Das Erfolgskonzept "Learning by Doing" ist allseits bekannt. Leider fehlt es den Schulen oft an finanziellen Mitteln, um dieses Prinzip im Unterricht anzuwenden. Mit VR kann Abhilfe geschafft werden. Es gibt bereits einige erfolgreiche Simulationen, die genau für diesen Zweck geschaffen wurde. "SuperChem VR"[32] ist ein Chemielabor, bei dem der User mit verschiedenen Chemikalien experimentieren kann, ohne teure Materialien zu verwenden. In VR kostet jedes Element gleich viel. Es macht keinen Unterschied, ob ein Gramm oder gleich ein ganzes Kilogramm Gold für ein Experiment benötigt wird. Die Programme "My Lab"[33] und "The Body VR"[34] verfolgen den gleichen Ansatz.

Der ganze Lernprozess kann in Zukunft noch weitaus effizienter angewandt werden. Forschungen haben gezeigt, dass unsere Pupillen sehr viel über unser Unterbewusstsein sagen. Sie weiten und verengen sich, je nachdem wie unsere (unterbewusste) Reaktion auf verschiedene Situationen ist. Das Lernprogramm kann so alleine durch die Beobachtung der Pupillen sehen, ob der Schüler das Wissen wirklich verstanden hat oder nicht. Tests werden dadurch irrelevant werden. Und auch ein vortäuschen von Wissen seitens des Schülers wird nicht möglich sein.

Der Lehrer muss auch keine klassische Menschenform besitzen: vielleicht ist er ein sprechender Dinosaurier oder eine bekannte Persönlichkeit. Stell dir vor, du stehst in einem alten Physiklabor und Albert Einstein selbst erklärt dir die Prinzipien der Gravitation. Alles was dir dabei hilft, dein Interesse zu wecken, sorgt dafür, dass du das Wissen wesentlich besser aufnimmst und behältst. Artificial Intelligence[35] ist eine Technologie, die sich rasant weiter entwickelt. Nachdem sie jahrelang von uns gelernt hat,

32 https://www.schellgames.com/games/superchem-vr

33 https://www.microsoft.com/en-us/store/p/mylab/9nn8dz3j8ksx#

34 http://thebodyvr.com/

35 Artificial Intelligence, kurz "AI", beschreibt künstliche Intelligenzen.

ist es an der Zeit, dass sie anfängt uns zu lehren. Sie besitzt Zugriff auf das komplette Wissen der Welt, kann komplexe Themen ohne Probleme überschauen und besitzt vernetzte Rechenpower, die ihr heute noch unvorstellbare Möglichkeiten eröffnet. Durch diese Fähigkeiten könnte sie in Zukunft den perfekten Lehrer darstellen. Einen Lehrer der Zugriff auf das gesamte Wissen der Menschheit hat, der den genauen Lernfortschritt seines Schülers kennt und der sich fortlaufend weiterentwickelt.

Fitness - REX, the Run Experience

Mit dem Thema "Virtual Reality und Fitness" beschäftigte ich mich – aufgrund meiner Passion für beide Bereiche – bereits 2016 in einer wissenschaftlichen Arbeit mit dem Titel "REX, the Run Experience". In dieser Arbeit widmete ich mich dem Problem, dass Cardio-Training in einem Fitnessstudio sehr monoton ist und daher von den meisten Menschen auch komplett gemieden oder nur über eine (zu) kurze Zeitspanne verwendet wird. Die übliche Ablenkungen, die es in Fitnessstudios gibt, sind entweder Musik, ein Fernseher oder selbst mitgebrachte Unterhaltung in Form von Musik oder Videos. Einige Geräte bieten auch sehr rudimentäre "Games" zur Motivation an.

Da wir uns 2016/17 im "Jahr der virtuellen Realität" befanden, ist das nicht mehr wirklich zeitgemäß. Mein Ziel war es, das klassische Cardio-Training mit der Technik der virtuellen Realität zu verbinden. Durch die Verwendung von VR ist es den Usern bereits möglich, ihr Training an komplett anderen Orten als dem Fitnessstudio zu absolvieren. Sei es ein Marathon durch den Grand Canyon, ein morgendlicher Spaziergang durch Paris oder ein Sprint entlang der Chinesischen Mauer. Auch ausgefallenere Szenarien stellen kein Problem dar. Eine Trainingseinheit auf dem Mond oder sogar unter Wasser? All das wird durch VR ermöglicht. Gamification eignet sich perfekt, um den User noch einmal zusätzlich zu motivieren (Siehe Kapitel "Gamification").

So konnte bei einer Strecke durch das idyllische Mittelerde ein HIIT[36] absolviert werden, indem hinter den User plötzlich eine Horde wilder Orks plaziert wurde. Der User musste dadurch für eine kurze Zeit die Trainingsintensität steigern, bis er seine Verfolger wieder losgeworden war. Und wenn man einmal keine Lust hat, alleine zu trainieren, besteht die Möglichkeit, sich über das Internet mit Freunden und Trainingspartnern zu verbinden, und die Strecke gemeinsam zu bestreiten.

Nachdem der erste Prototyp[37] fertig war, gelang es mir "Technogym", einem der weltweit größten Hersteller für Fitnessgeräte, als Kooperationspartner zu gewinnen. Sie stellten mir einen Crosstrainer aus ihrer Luxury Line zur Verfügung, der allen Anforderungen[38] gerecht wurde. Über die Dauer der Entwicklung entstanden insgesamt acht verschiedene Prototypen, bei denen die Schwächen der jeweiligen Vorversion ausgebessert wurden. Hier ein kleiner Überblick über einige wichtige Lektionen, die ich während der Entwicklung gelernt habe.

Zu allererst einmal die Frage, warum die verwendeten Videos am Computer erstellt und nicht real gedreht wurden:

- Reale Videos sind viel zu speicherintensiv in Bezug auf die benötigte Framerate und Auflösung.

36 Beim HIIT (High-intensity interval training) wechseln sich Phasen mit hoher und niedriger Intensität ab um einen gesteigerten Trainingseffekt zu erzielen.

37 Der Prototyp bestand lediglich aus einem alten Crosstrainer und einer simplen Computerszene. Es bestand noch keine Kommunikationsmöglichkeit zwischen PC und Crosstrainer.

38 Der Crosstrainer benötigt eine Schnittstelle zum Abgreifen der Geschwindigkeit und zum Setzen des Widerstandes.

- Es wird keine kompletten 360°-Sicht des Videos benötigt. Die meisten Menschen schauen einen Großteil des Trainings nur starr nach vorne und wenn sie sich umschauen, dann auch nur in einem Winkel von ca. 270 Grad.

- Die Höhe der echten Kamera muss etwa mit der User-Größe übereinstimmen. Verwendet man eine digitale Welt, so kann man einfach die reale Größe des Users nehmen und die Kamera auf der korrekten Position platzieren.

- Bereits kleinste Kamerabewegungen sorgen für starkes Unwohlsein. Selbst die Verwendung einer Steadycam und nachträglicher digitaler Stabilisierung hilft hier nur ansatzweise.

- Die Kopfbewegung des Users muss eins zu eins auf das Video übertragen werden. Das Video darf also nicht an dem Kopf des Users "kleben". Bei einem echten Video gibt es eine festgelegte Kamerabewegung. Bei einem digitalen Video kann die Kamera zur Laufzeit berechnet und angepasst werden.

- Das Stitching von realen Videos ist sehr Zeit und Fehler intensiv. Seams[39] sind häufig unvermeidbar.

- Die Abspielgeschwindigkeit der realen Videos lässt sich nur zu einem gewissen Teil an die Laufgeschwindigkeit des Spielers anpassen (Werte von ca. 0,6-facher Geschwindigkeit bis hin zur doppelten Geschwindigkeit funktionieren hier gut). Alles andere wurde von den Usern als befremdlich eingestuft. Blieb der User stehen, musste auch das Bild stehen bleiben. Lief der User rückwärts, musste auch das Video rückwärts abgespielt werden. Wenn dann beispielsweise ein Vogel durch das Bild flog, flog er in diesem Moment auch wieder rückwärts durch das Bild zurück.

39 Als Seams werden harte Kanten im Bild/Video bezeichnet, welche durch das Zusammenfügen mehrer Einzelelemente entstehen können.

- Die Ergänzung durch CG-Elemente ist in realen Videos sehr zeitaufwendig.
- Höhendaten mussten manuell eingetragen werden, um den Widerstand des Crosstrainers zu regulieren, wenn der User einen Berg hinauf oder hinunter geht.
- Die Distanz musste ebenfalls manuell getrackt werden.
- Es dürfen keine geschützten Elemente in einem echten Video vorkommen. Darunter fallen bestimmte Orte, Kennzeichen, Gesichter usw. Diese müssen in der Nachbearbeitung manuell unkenntlich gemacht werden. In einer virtuellen Umgebung kann genau bestimmt werden, was gezeigt werden soll und was nicht.

Wenn wir uns die Anforderungen anschauen, die an das Video gestellt wurden, wird schnell klar, warum in der finalen Version eine digitale Welt zum Einsatz gekommen ist.

Gamification

Als Gamification wird die Anwendung spieltypischer Elemente in einem spielfremden Kontext bezeichnet. Zum Beispiel das sammeln von Flugmeilen indem man mit dem Flugzeug fliegt. Oder die Treuepunkte welche man bei bestimmten Aktionen im Handel erhält. Das ganze dient dazu den Konsumenten zu motivieren (In dem Fall zum kaufen).

Stell dir vor, du läufst durch die Korridore von "Hogwarts" aus "Harry Potter". Nach dem ersten Kilometer hörst du plötzlich ein Grunzen hinter dir. Du drehst dich um und siehst einen gigantischen Troll, der dich verfolgt. Ich wette, das hat Einfluss auf deine Motivation jetzt noch einmal Vollgas zu geben. Oder du siehst vor die ein Burgtor, das gerade heruntergelassen wird. Wenn du nicht innerhalb der nächsten 20 Sekunden an dem Tor ankommst, wird dich die gegnerische Armee erwischen. Im

Fitnessbereich nennen wir diese Art des Trainings "HIIT", ein Training, bei dem sich entspanntere Perioden mit kurzen Perioden höchster Intensität abwechseln.

Oder du machst einen Halbmarathon auf dem Mond, unter Wasser oder im Antiken Rom? Außerdem ermöglicht eine digitale Welt, Multiplayer-Events einzubauen sowie fast jedes andere Feature, das wir aus modernen Games kennen.

Hier sind einige Punkte, auf die du bei einer digitalen Umsetzung der Trainingsstrecke achten solltest:

- Kurven dürfen nicht zu eng sein und müssen vorhersehbar sein. Das erreicht man entweder durch ein gutes Leveldesign, oder man zeigt dem Spieler durch eine Art "Motion Path" an, in welche Richtung der Charakter laufen wird. Das Gehirn kann sich so auf die kommende Bewegung einstellen und verträgt sie wesentlich besser.

- Die Kopfbewegung des Charakters muss synchron mit der des Users passieren. Durch die Verwendung der HTC Vive und der Oculus Rift wird dieses Problem mit Hilfe des Position-Trackings des HMD automatisch erledigt. Problematischer wird dies bei der Verwendung der Google Daydream oder Samsung Gear VR. Bei diesen Systemen benötigt man weitere Accessoires, um die Position des Spielerkopfes zu tracken, da sie bisher lediglich die Rotation und Beschleunigung verfolgen können.

- Der Einsatz von akustischen Elementen ist auch hier unglaublich wichtig für die Immersion. Vor allem die Trittgeräusche des Users sind ein Detail, das enorm zur Immersion beitragen kann. Es ist aber essentiell, dass die Geräusche zu 100% mit den echten Bewegungen des Users übereinstimmen. Eine Verzögerung zerstört schnell die Immersion. Auch auf unterschiedlichen Bodenbeschaffenheiten und die daraus resultierenden Laufgeräusche sollte geachtet werden.

- Das Game sollte langsam beginnen. Für VR-Neulinge gibt es auch so schon eine erschlagende Menge an Eindrücken, die zu Beginn auf sie zukommt. Die Umgebung muss noch nicht sehr detailreich sein, lieber langsam anfangen und den Detailreichtum dann steigern.

Ergebnisse der Forschungsarbeit

Die Ergebnisse dieses Forschungsprojektes waren erstaunlich. Nicht nur die Tatsache, dass plötzlich Menschen Sport gemacht haben, die dies seit Jahren nicht mehr freiwillig getan haben, VR-Fitness hat einige positive Aspekte im Hinblick auf die Motivation des User. Diese positiven Ergebnisse konnten auch in anderen Arbeiten[40] belegt werden.

- Den Probanden kam die Zeit in VR deutlich kürzer vor, als ohne VR. Wenn man Spaß hat, vergeht die Zeit gefühlt schneller, als wenn man sich langweilt. Bei "traditionellen" Ablenkungen im Cardio-Bereich wird den Probanden häufig schnell langweilig. Das Training macht dann keinen Spaß mehr und die Probanden beenden das Training frühzeitig. In vielen Fällen wird nicht ausreichend lange trainiert, um überhaupt positive Ergebnisse im Bereich Cardio zu erzielen. Integriert man VR in das Trainingsprogramm, kann die Trainingsdauer und somit auch der Trainingseffekt gesteigert werden.

- Den Probanden kam die Trainingsintensität geringer vor, als sie VR in ihr Training integriert haben. Bei einem gewöhnlichen Intervalltraining auf einem Cardiogerät wird der Widerstand automatisch eingestellt. Dieser gesetzte Widerstand wirkt zufällig, es gibt für unser Gehirn keine logische Erklärung für den plötzlichen Anstieg der Intensität. Anders sieht es in VR aus: Wenn wir auf einen Berg zulaufen, sehen wir diesen frühzeitig. Unser Gehirn stellt sich unterbewusst schon einmal darauf ein, dass das Laufen bald schwieriger

40 https://www.vrfitnessinsider.com/university-study-proves-vr-fitness-intense-exercise/

werden wird. Außerdem sehen wir die Spitze des Berges und wissen genau, wann die Intensität wieder auf das normale Level zurück fällt. Mit Hilfe dieses psychologischen Effektes kann man den Probanden also bei der gefühlten gleichen Intensität härter trainieren lassen und darüber hinaus kommt ihm die Zeit auch noch kürzer vor.

- Die Probanden absolvierten die Strecke deutlich schneller in VR. Dies ist auf die oben genannten Punkte zurückzuführen.

Schaut man sich all die positiven Effekte an, die Virtual Reality auf das Cardio-Training haben kann, wird schnell klar, was für ein enormes Potential hier versteckt liegt. Die Probanden trainieren länger, härter und sind dabei auch noch schneller als ohne VR. Wenn wir es schaffen, die aktuellen Herausforderungen im Bereich VR-Fitness zu meistern, die im nachfolgenden Kapitel beschrieben sind, ist das ein Milliardengeschäft, da sich die Technik schnell auf so gut wie alle Bereiche des Sports ausbreiten wird. Es lohnt sich also, das Thema im Auge zu behalten.

Weitere Sportarten

VR-Fitness beschränkt sich aber nicht nur auf den Bereich des Laufens. Oben genannte Tipps werden dir zum Beispiel auch bei der Umsetzung einer Fitness-Anwendung für den Bereich Radfahren, Boxen oder Rudern behilflich sein. Es gibt sogar ein Institute,[41] das VR-Games im Hinblick auf ihre sportliche Aktivität bewertet. Es wird untersucht, welche Bewegungsabläufe in einem Spiel verstärkt auftreten, welcher Sportart sie ähneln und welchen Trainingseffekt ein Spiel hat.

41 http://vrhealth.institute/

Herausforderungen im Bereich VR-Fitness

Die wohl größte Herausforderung im Bereich VR-Fitness ist derzeit durch die Bauart aktueller HMD's bedingt.

Der erste Punkt ist die Schweißbildung, die bei intensiver Nutzung, wie beim Sport, auftritt. Hierfür gibt es bereits erste Lösungsansätze. So kann der Nutzer beispielsweise ein spezielles, schweißabweisendes Kunstleder Cover für das HMD verwenden, das speziell für den Sportbereich gedacht ist und sich einfach und schnell desinfizieren lässt.

Ein anderer Ansatz ist die Verwendung von Ventilatoren. Wie im Kapitel "Äußere Einflüsse" bereits beschrieben, könnte das auch einen positiven Einfluss auf die Immersion deines Spiels haben, wenn du es richtig anwendest. Es gibt sogar schon Prototypen von HMD's, in denen kleine Ventilatoren verbaut sind, die direkt auf das Gesicht des Spielers gerichtet sind.

Spätestens nach den ersten 15 Minuten wird auch deutlich, wie schwer die VR-Brillen eigentlich sind. Gerade im Cardio-Training macht sich Zusatzgewicht schnell bemerkbar. Wenn die Brille keine gute Balance hat und nicht gut auf dem Kopf des Users sitzt, wird sie schnell sehr unangenehm zu tragen. Sie verrutscht und muss ständig nachjustiert werden. Auch die Reibung, die durch die Kopfhalterung bei falscher Anbringung auftritt, ist nicht zu unterschätzen.

Allerdings sind das alles Probleme, die sich mit der Zeit von selbst lösen werden. Die Brillen werden leichter und kompakter. Es wird spezielle Brillen geben, die extra für den sportlichen Anwender hergestellt werden. Die Auflösung wird besser und die Kommunikation mit den Fitnessgeräten vereinfacht werden. Es muss dann keine eigene App mehr geschrieben oder externe Bluetooth Tracker verwendet werden, um Daten wie Geschwindigkeit, Steigung, Widerstand, Herzfrequenz etc. zu erfassen.

TEIL 4
CHECKLISTE FÜR DEIN ERSTES VR-GAME

CHECKLISTE FÜR DEIN ERSTES VR-GAME

Dieses Kapitel ist eine kurze Zusammenfassung der vorher genannten Prinzipien und Techniken. Es soll dir eine einfache Checkliste mit an die Hand geben, damit du bei deinem VR-Game von Anfang an richtig durchstarten und zeitfressende Fehler schon im Vorfeld eliminieren kannst.

Spielidee

Dein Spiel lebt von deiner Spielidee. Was macht dein Spiel besonders? Und die wichtigste Frage: Warum sollte man dein Spiel überhaupt in VR spielen? Was ist der Vorteil von VR im Bezug auf deine Spielidee? Ist es ein Konzept, das sich leicht in VR realisieren lässt? Bietet VR wirklich einen Mehrwert, den es ohne VR nicht geben würde?

Dieser Mehrwert kann auch lediglich aus der Tatsache bestehen, dass du den User in deine Welt versetzen und ihm ein möglichst immersives Spielerlebnis verschaffen möchtest. Dir muss aber klar sein, was dieser Mehrwert ist. Ist es die Immersion, solltest du alles daran geben, diese Immersion auch von Anfang an zu erzeugen. Alle Grafiken, Mechaniken, Sounds und alles, was mit deinem Spiel zu tun hat, muss dabei helfen, diese Immersion zu unterstützen.

Spielmechanik

Die Spielmechanik trägt einen sehr großen Teil zur Immersion deines Spiels bei. Wenn die Mechanik nicht intuitiv funktioniert, wirst du es schwer haben, dein Game an eine wachsende Userbase zu verkaufen. VR ist ein sehr neues Medium. Das bietet dir die Möglichkeit vieles selber auszuprobieren und zu testen. Schrecke dabei auch nicht vor Sachen zurück, von denen du gehört hast, dass man sie in VR nicht machen sollte (die Ratschläge, die ich dir hier in diesem Buch gebe, eingeschlossen). So haben wir in "Viking Rage" damals als erstes VR-Game in Echtzeit die Größe des Spielers verändert. Ein Effekt, der bei neuen Spielern direkt Übelkeitserscheinungen hervorruft, bei erfahrenen VR-Usern aber für Begeisterung sorgt.

Versuche, so viele andere VR-Games zu testen, wie du kannst. Achte genau darauf, was sich für dich gut anfühlt und warum. Wenn dir eine Mechanik gefällt, übernimm sie gerne für dein Game und teste sie in deinem Setting. Das hat nichts mit Klauen zu tun. Wir sind alle gemeinsam an der Entwicklung von VR-Spielen beteiligt. Unsere Aufgabe ist es, den Usern eine unvergessliche Experience zu erschaffen. Nutze die Community und sei offen. Zögere nicht, in den Kontakt zu anderen Entwicklern zu treten. Für Entwickler gibt es diverse VR-Programme, für die man sich bewerben kann, um kostenfrei Zugriff auf VR-Anwendungen zu erhalten.

Teamzusammenstellung

Die Teamzusammenstellung unterscheidet sich nicht groß von der eines klassischen Spiels. Es ist allerdings von Vorteil, wenn du jemanden im Team hast, der bereits Erfahrungen mit diversen VR-Anwendungen gemacht hat. Es muss dabei nicht nur um Erfahrungen im VR-Entwicklungsbereich gehen. Auch der regelmäßige Konsum verschiedenster VR-Anwendungen kann von großem Nutzen für die Entwicklung des Gamedesigns sein.

Ein Grund, der ab und an gerne vergessen wird, ist die Tatsache, dass nicht jeder Entwickler/Artist/Audio bereits ein komplettes VR-Setup zur Verfügung hat. Achte darauf, dass die Schlüsselpositionen deines Teams ausreichend mit der benötigten Hardware versorgt sind. So vermeidest du unnötige Wartezeiten während der Produktion.

Auch die Audioabteilung sollte nicht vernachlässigt und frühzeitig in die Planung mit integriert werden. Sie trägt einen wichtigen Teil zur Immersion deines Spiels bei.

Ein erfahrener Sound Designer wird dir frühzeitig Hilfestellung geben können, wenn es um das audiovisuelle Design deines Spieles geht. Auf was kommt es an? Was benötigt besondere Planung? Was dauert eventuell länger, als du es dir vorgestellt hast? Wenn du Glück hast, findest du einen Sound Designer, der bereits Erfahrung in der gewählten Game Engine hat. So kann er einige wichtige Aufgaben selbst übernehmen und entlastet dadurch andere Teammitglieder. Er kann beispielsweise die Sounds selber integrieren, sie in der Engine richtig einstellen, in der Szene testen und alles für die Programmierung vorbereiten. Ein Sounddesigner sollte nicht lediglich als "Asset Lieferant" betrachtet werden. Er muss die Sounds im Kontext des Spieles sehen und anpassen. Dafür ist es notwendig, dass er nicht nur bei sich im Aufnahmestudio ist und Sounds produziert. Er muss mit vor Ort sein, sich die VR-Brille aufsetzen und das Spiel live testen. Nur dann bekommt er ein Gefühl dafür, welcher Sound für das Spiel funktioniert und welcher nicht.

Es gibt bereits einige interessante VR-Anwendungen für Sound Designer, welche es ihnen ermöglichen, einen Teil der Audioaufgaben direkt in VR zu erledigen. Häufig spielt es für die Immersion eine noch größere Rolle, dass wir bestimmte Dinge mit unseren Ohren hören, als dass wir sie wirklich sehen.

Game Engine

Für welche Game Engine du dich letztendlich entscheidest, bleibt natürlich dir überlassen. VR-Anwendungen wirst du in allen der großen Engines entwickeln können. Ich möchte an dieser Stelle keine Grundsatzdiskussion lostreten. Jeder hat hier seine eigenen Präferenzen. Wichtig ist, dass du dich in der gewählten Engine wohlfühlst, immerhin wirst du sehr viel Zeit damit verbringen. Aber ich möchte dir zumindest ein paar kleine Denkanstöße im Bezug auf die zwei größten Engines, die dir zur Verfügung stehen, geben: "Unreal Engine" von Epic Games und "Unity" von Unity Technologies.

Beide Engines sind bis zu einem bestimmten Ertrag kostenfrei. Im Gegensatz dazu ist die "CryEngine" von Crytek ein "Pay what you want"-Modell. Die "Unity" Engine findet in der Industrie bisher die größte Verbreitung. Gerade in der Indie-Szene und bei Programmierern ist sie sehr beliebt. Für "Unity" gibt es eine Vielzahl von Tutorials, Foren, Plugins und Contents. Allerdings benötigt es hier ein wenig mehr Können und technisches Wissen, um eine Szene gut aussehen zu lassen. Viele Funktionen und Shader müssen speziell programmiert werden.

Im Gegensatz dazu ist es bei der "Unreal Engine" verhältnismäßig einfach, seine Assets und Szenen gut aussehen zu lassen. Viele Funktionen und Shader sind schon vorhanden und können ohne größeres technisches Verständnis den eigenen Bedürfnissen angepasst werden. Auch Artists können sich hier durch das Blueprinting System an einfache Programmieraufgaben wagen.

Beide Engines haben fertige Presets für VR. Dort findest du alle benötigten Funktionen zum Ansprechen der verwendeten Hardware. Auch die Meshes und Texturen der Hardware werden direkt mitgeliefert und stehen dir zur Verfügung.

Kommerzialisierung

Auch VR-Entwickler brauchen Geld. Da die Userbase mit einem kompletten VR-Setup noch relativ klein ist, solltest du dir frühzeitig Gedanken machen, wie du dein Spiel lukrativ_vermarkten kannst. Hier hast du verschiedene Möglichkeiten:

Auftraggeber

Eventuell hast du für dein Game schon einen Auftraggeber. So musst du dich nicht weiter um die Vermarktung kümmern, da du den Kunde von Anfang an mit an Bord hast.

Werbung

Auch für VR gibt es bereits erste Plattformen, die sich der Herausforderung stellen, Werbung in VR zu platzieren. Auch wenn das etwas ist, was wir bisher noch nicht häufig sehen, so wird es mit der Zeit bestimmt immer mehr in VR-Games zu sehen sein.

Publisher

Wenn du einen Publisher für dein Game gewinnen konntest, gibt es verschiedene Möglichkeiten. Im Idealfall hast du bereits eine Vorauszahlung bekommen, um deine Kosten zu decken. Des weiteren kümmert sich der Publisher um die komplette Vermarktung, was dir Zeit verschafft, in der du dich vollkommen auf dein Spiel konzentrieren kannst. Achte bei der Wahl des Publishers auf jeden Fall darauf, dass der Publisher bereits Erfahrungen mit der Vermarktung von VR-Games gemacht hat. Andernfalls bist du schnell in der Position des Versuchskaninchens. Bei VR-Games gibt es auch im Marketingbereich viele Dinge, die nicht so funktionieren, wie es bei klassischen Spielen der Fall ist.

Ein großer Teil des Wertes eines Publishers hat sich über die Größe seiner Presseliste definiert. Diese ist aber nicht VR spezifisch, wenn du das erste Projekt bist. Ein Großteil der Personen auf dieser Liste sind für dich also erst einmal wertlos. Du verschwendest mit ihnen lediglich Zeit und Geld. Und im schlimmsten Fall bekommst du dadurch auch noch negative Reviews. Ein zweiter wichtiger Punkt bei dem dir ein Publisher bei einem klassischen Game helfen kann, ist die Möglichkeit über Slots direkt auf die verschiedenen Verkaufsplattformen zu gelangen. Für dich als VR-Entwickler sind (bisher) lediglich die digitalen Distributionswege interessant. Und dort ist es (bisher) so, dass du als VR-Entwickler ohne Probleme direkt einen Store Platz bekommst. Alleine Steam, als größte und bekannteste Spieleplattform, versucht die Entwicklung von VR-Content schon durch ihre Verbindung zur HTC Vive zu unterstützen. Wenn du eine gute Zusammenfassung benötigst, die dir bei der Auswahl des Publishers behilflich ist, schaue dir auf jeden Fall den Talk "Why you don´t need a f..... Publisher" auf YouTube an. Der Talk ist, im Gegensatz zu dem was der Titel vermuten lässt, von einem Publisher selbst und wird dir viele gute Punkte mit an die Hand geben, wenn es um die Auswahl eines Publishers geht.

Self Publishing

Natürlich hast du auch die Möglichkeit des "Self Publishings". Hier übernimmst du selbst die Rolle des Publishers. Viele Vorteile, die man bei klassischen Spielen durch einen Publisher bekommt, entfallen bei VR-Games. Möchtest du dein Spiel schnell über Steam vermarkten (ohne Greenlight oder ähnliche Systeme), so kannst du Steam direkt anschreiben. Derzeit sind wir noch in der Phase, wo so gut wie jedes VR-Game einen Platz auf Steam bekommt. Valve ist sehr daran interessiert, die VR-Branche nach vorne zu bringen und die Entwicklung von neuem Content zu unterstützen. Da die Userbase bei VR noch sehr gering ist, solltest du sie nicht noch weiter einschränken, indem du dich lediglich auf eine Plattform oder ein Headset fokussierst. Du kannst ein Game, welches ursprünglich für Steam entwickelt wurde, relativ einfach auch zum Beispiel für Oculus Home adaptieren.

Einer der wichtigsten Punkte für deinen Erfolg ist die Community-Arbeit, die ein großer Teil des Marketing ist. Die VR-Branche ist noch sehr klein. Gute Community-Arbeit zahlt sich hier umso mehr aus. Jeder Kunde hat viel Geld in das entsprechende Equipment gesteckt. Die Erwartungshaltung an dein Spiel nimmt also noch einmal einen ganz anderen Stellenwert ein, als es bei einem klassischen Spiel der Fall ist.

Best Practice: Messeversionen

Du möchtest dich also der Herausforderung stellen, dein Spiel auf einer Messe zu präsentieren. Warum auch nicht? Immerhin sehen wir seit Jahren, dass Virtual Reality die Besucher an die Messestände lockt. Immer mehr Aussteller machen sich diesen Effekt zunutze. Bisher war es so, dass viele Menschen alleine wegen VR an den Messestand gekommen sind. Der Inhalt war nur von nachgeordneter Bedeutung. Hier ist es für dich als Entwickler wichtig, zu verstehen, wie du mit Feedback umgehen solltest. Von den allermeisten Erstnutzern wirst du nach der Experience etwas in Richtung: "War mega geil!" hören. Das ist zwar generell positiv und zeigt, dass du die Grundregeln von VR beachtet und richtig angewandt hast, allerdings darfst du nicht vergessen, dass sie allein von der Hardware schon fasziniert sind. Auch wenn du das Feedback in vielen Fällen nicht verwenden kannst, alleine durch Beobachten wirst du schon sehr viel über die User und über dein Spiel lernen. Siehst du zum Beispiel bei jedem zweiten Spieler, dass er nicht versteht, wie er die Quest aktivieren soll, solltest du nicht davon ausgehen, dass die User zu dumm für diese Aufgabe sind, wichtiger ist es, zu überlegen, wie du sie einfacher und selbsterklärender gestalten kannst. Spätestens nachdem du auf einer Messe nach 10 Stunden zum 200. Mal den Satz: "Nein, so nicht. Du musst doch nur den Nippel durch die Lasche ziehen…" gesagt hast, wirst du dir beim nächsten Mal gründlich Gedanken darüber machen, wie man das besser in das Spiel integrieren kann.

Daher lautet die erste Grundregel:

Dein Spiel muss im Idealfall komplett selbsterklärend sein. Wenn du immer wieder dasselbe erklären musst, hast du es nicht deutlich genug gemacht. Das Spiel sollte autonom funktionieren, ohne dass du eingreifen musst.
Zum einen hast du während der Messe keine Zeit, immer wieder in das Spielgeschehen einzugreifen. Unterhalte dich lieber mit den Usern, die bereits gespielt haben und sammle wertvolles Feedback oder unterhalte dich mit potentiellen Investoren.
Zum anderen zerstörst du jedes Mal die Immersion des Users, wenn du von außen in das Geschehen eingreifen musst.
Wenn es um das Gamedesign für eine Messe geht, musst du komplett anders denken, als für dein eigentliches Gamedesign. Die Menschen auf einer Messe haben ganz andere Intentionen dein Spiel zu spielen, als es der spätere User bei sich daheim haben wird. Auf einer Messe haben die wenigsten Besucher Lust oder Zeit das Spiel zu meistern. Sie wollen keine Lernkurve haben, sondern direkt Erfolge erleben. Das Spielprinzip muss auf das Wesentliche heruntergebrochen werden, keine langen Tutorials oder kompliziert zu meisternde Mechaniken.

Damit dein Spiel optimal für eine Messe vorbereitet ist, habe ich dir hier ein paar Tipps zusammengestellt, die sich in der Praxis bewährt haben:

- Dein Spiel sollte nicht automatisch starten. Lass den User zu Beginn in einer Lobby ankommen. Neue Spieler können sich so erst einmal langsam an die virtuelle Welt gewöhnen. Erst wenn der User die Brille aufhat und alles richtig eingestellt ist, lässt du das Spiel starten.

- Beschränke die Zeit deines Spiels. Sorge dafür, dass das Spiel automatisch voran geht und nicht zwingend auf den Input des Spielers angewiesen ist. Nichts ist für Zuschauer frustrierender, als wenn sie nach stundenlangem Anstehen den Vordermann beobachten, wie er seit 20 Minuten die Plakate an der Wand betrachtet, anstatt endlich den Questgegenstand zu aktivieren. Eine Spielzeit von ca. 5 Minuten hat sich für große Messen als geeignet erwiesen. Hier kommt es aber immer ganz auf die Messe, das Publikum und deine Intention für dein Spiel an. Plane zusätzlich noch etwa zwei Minuten für Brille ab- und aufsetzen und reinigen ein. Du kannst also etwa mit acht Personen pro Station und Stunde rechnen.

- Baue dir Tastenbefehle für die wichtigsten Spielevents ein. So kannst du manuell den Spielfortschritt voranbringen, wenn ein User an einer Stelle nicht weiter kommt. Auch Tasten für Spiel- beziehungsweise Levelneustart können sehr hilfreich sein. Die Tastenbefehle sind nur über die Tastatur zu bedienen, nicht über die Controller.

- Entferne jede Möglichkeit des Spielers in Menüs und Einstellungen zu gelangen, die er für den Spielfortschritt nicht benötigt. Wenn der Spieler Anpassungsmöglichkeiten in deinem Spiel hat, sollten diese mit dem Neustart wieder zurückgesetzt werden.

- Baue dir zusätzlich Tastenbefehle für versteckte Level, weitere Missionen oder spezielle Spielmodi ein. So kannst du in bestimmten Fällen gezielter auf den User eingehen und ihm weitere Features zeigen, die über die Messeversion hinausgehen. Stell dir vor, du hast zum Beispiel einen interessierten Investor bei dir am Stand. Er hat bereits viel Erfahrung in VR und möchte das komplette Potential von deinem Spiel sehen. Oder du hast einen User, der perfekt in deine Zielgruppe passt und dir wertvolles Feedback geben kann. In diesen Fällen kann es sich im wahrsten Sinne des Wortes auszahlen, wenn du vorbereitet bist.

- Halte ausreichend Reinigungsmaterial bereit. Ein abwaschbares oder austauschbares Cover für deine VR-Brille ist sehr zu empfehlen. Für Messen gibt es speziell angefertigte Einweg-Cover, die jedem User ausgeteilt werden können. Entsprechende Angebote findest du, wenn du einmal nach "VR Cover" suchst.[42] Wenn du diese Cover bereits im Vorfeld an die Leute in der Schlange verteilst, können diese die Cover

42 Zum Beispiel hier: https://vrcover.com/

bereits kurz vorher aufziehen und sind so direkt startklar, wenn sie an der Reihe sind.

- Hänge eine kurze Anleitung in der Nähe der Schlange auf. Wartende Interessenten können sich so bereits im Vorfeld über die Spielmechaniken informieren. Langes Erklären entfällt dadurch. Wenn es dein Spiel zulässt, hilft es auch, wenn die Wartenden bereits sehen können, was der Spieler in VR gerade macht.

- Halte mindestens drei Ersatzcontroller bereit. Zwei benötigst du zum Wechseln, wenn der Akku leer ist und einen als Ersatz, wenn ein Controller kaputt geht. Bei einer Messe passiert gerade Letzteres häufiger als gedacht.

- Achte darauf, dass die Sensoren stabil befestigt sind. Stative sind in den meisten Fällen für eine größere Messe ungeeignet. Auch die Integration in Messewände kann zu Problemen führen, wenn diese nicht stabil gebaut sind. Lehnt sich jemand gegen die Wand oder schlägt dagegen, sorgen die Schwingungen dafür, dass der Kontakt in VR für eine kurze Zeit verloren geht.

- Andere VR-Systeme in der Nähe können deine Verbindung beeinflussen oder sogar komplett verhindern. Plane das bei deinem Messeaufbau mit ein und versuche frühzeitig, Informationen über deine unmittelbaren Nachbarn zu erhalten.

- Verlasse dich niemals auf das Internet vor Ort! Im Idealfall ist alles so aufgesetzt, dass du komplett ohne Internet alles einrichten und spielen kannst. Ein Kabel, mit dem du im Notfall über dein Handy ins Internet kannst, ist trotzdem immer ein potentieller Lebensretter.

- Wenn du ein gutes VR-Spiel hast, ist die Chance groß, dass sich eine lange Schlange bildet. Mache dir frühzeitig Gedanken dazu, wo du die Besucher am besten Anstehen lässt.

- Überlege dir, wie du Feedback erhalten kannst. Wenn du das Spiel selber betreust, hast du die Möglichkeit das Feedback direkt aus dem Verhalten der Spieler zu gewinnen. Du siehst sofort, wo es immer wieder Verständnisprobleme gibt. Trotzdem hilft es viel, sich nach der Session einmal mit den Usern zu unterhalten. Wenn du der einzige Betreuer für die VR-Station bist, wirst du dazu allerdings meistens keine Zeit haben, da direkt die nächste Person wartet. Bedenke bei dem Feedback auch, dass diejenigen, die derzeit lange Wartezeiten für eine VR-Experience auf sich nehmen, häufig Menschen sind, die selber kein VR-System besitzen. Sie sind also meist nicht deine unmittelbare Zielgruppe.

Wenn du dir die oben genannten Tipps durchliest, wird dir auffallen, dass einige Genres besser für eine Messe geeignet sind als andere. Ein Strategie- oder Aufbauspiel kann für den VR-User daheim viele Stunden Spielspaß bedeuten. Eine messegeeignete Version davon zu erstellen, kann aber sehr viel Zeit in Anspruch nehmen. Die wichtigsten Features des Spiels müssen eventuell sogar komplett entfernt werden. Wenn du dein Spiel gezielt für eine Messe entwickelst, denke frühzeitig darüber nach, welches Genre und welche Features du verwenden möchtest.

Derzeit sind wir auch schon wieder im Umschwung. Die meisten Messebesucher haben VR bereits selber erleben können. Die Software wird wieder wichtiger als die Hardware.

BONUSKAPITEL: LUCIDES TRÄUMEN

Das nahezu grenzenlose Potential von VR liegt darin, virtuelle Welten zu erschaffen, in denen der User in eine andere Welt eintauchen kann. Alles erscheint (ist) möglich. Die Grundlagen der Physik können komplett außer Kraft gesetzt werden. Raum und Zeit verschmelzen miteinander. Es stellt sich die Frage: Was ist Realität? Ist nicht alles, was wir erleben im Endeffekt nur ein elektrischer Impuls auf unsere Neuronen im Gehirn? Bilder der Matrix schießen unweigerlich in den Kopf. Für manche mag diese Vorstellung befremdlich oder sogar beängstigend sein. Aber bietet sie nicht zugleich ein enormes Potential?

Mit diesen und ähnlichen Fragen beschäftigen sich die Anhänger des luziden Träumens bereits seit mehreren Jahrhunderten. Als luzides Träumen bezeichnet man die Fähigkeit, während eines Traumes Bewusstsein zu erlangen und so aktiv in das Geschehen eingreifen zu können. Betrachtet man dieses Phänomen mit Virtual Reality, ergeben sich auf vielen Ebenen dieselben Möglichkeiten.
Wir befinden uns in einer virtuellen Welt, in der wir selber die Kontrolle übernehmen können. Wir können in dieser Welt Handlungen ausüben, die sowohl einen positiven, als auch einen negativen Einfluss auf unser reales Leben haben können.

Der erste wichtige Unterschied ist die Möglichkeit, die virtuelle Welt zu betreten. Luzides Träumen benötigt viel Übung, die richtige Einstellung gegenüber der Thematik und einiges an Geduld. Es lässt sich in den wenigsten Fällen zuverlässig aufrufen und auch nur dann, wenn wir schlafen. Bei einer VR-Brille hingegen benötigt man keine spezielle Vorbereitung.

Sobald man die Brille aufsetzt, ist man in der virtuellen Welt. Der Erfolg ist garantiert.

Der zweite wichtige Unterschied ist das Bewusstsein des Users. In einem luziden Traum muss dem Träumer erst einmal bewusst werden, dass er gerade in einem Traum ist. Und nur weil man es einmal geschafft hat, das Bewusstsein über die aktuelle Situation zu erlangen, heißt das noch lange nicht, dass das Bewusstsein auch behalten werden kann. Die Gefahr, wieder in einen gewöhnlichen Traum zu versinken, ist hoch. Bei einer VR-Brille ist dem User von Anfang an bewusst, dass er in einer virtuellen Welt ist. Auch wenn es die Aufgabe des Entwicklers ist, den User genau von dieser Tatsache abzulenken. Je immersiver die Experience gestaltet ist, desto einfacher wird es dem User fallen, komplett in diese virtuelle Welt einzutauchen.

Angenommen wir sind in der Lage in beide virtuellen Welten einzutauchen. Was für Möglichkeiten eröffnen sich nun für uns?

Schauen wir uns dazu einmal den luziden Traum an. Erfahrene Träumer schaffen es, die Traumumgebung komplett zu beeinflussen. Alles, was man sich bewusst oder unterbewusst vorstellen kann, ist möglich. Wobei das Unterbewusstsein hier eine große Rolle spielt. Hat man beispielsweise ein tiefsitzendes Kindheitstrauma, kann es sein, dass das Unterbewusstsein versucht, dieses Trauma immer wieder auf unterschiedlichen Wegen an die Oberfläche zu bringen. Der Träumende möchte sich damit zu diesem Zeitpunkt aber eigentlich nicht aktiv befassen. Trotzdem wird er immer wieder, gegen seinen aktiven Willen, mit diesem Thema konfrontiert werden. Hat er also wirklich die volle Kontrolle über seine Umgebung? Das ist vergleichbar damit, wenn du in "World of Warcraft" eigentlich den ganzen Tag nur friedlich Rohstoffe sammeln möchtest, aber ständig von neuen Gegnern oder anderen Spielern angegriffen wirst, die deine volle Aufmerksamkeit auf sich ziehen, obwohl du das eigentlich gerade nicht möchtest.

Das kritische Bewusstsein während eines Traumes ist stark eingeschränkt. Wir hinterfragen in den meisten Fällen nicht, ob der Traum gerade Sinn macht oder nicht. Er wird von uns als real und logisch wahrgenommen. Erst im Wachzustand wird uns klar, wie unlogisch das eigentlich war, was da gerade passiert ist. Während wir in unserer Traumwelt sind, ist das Geschehen für uns real. Mit einer VR-Brille hingegen sind wir in den meisten Fällen dem Geschehen deutlich kritischer gegenüber eingestellt. Clippt ein Charakter plötzlich durch eine Wand, zerstört das schnell die komplette Immersion, die mühevoll aufgebaut wurde.

In einem VR-System haben wir (bisher) nur die Möglichkeit das zu erleben, was uns der Entwickler vorgibt. Wir können uns verschiedene Erlebnisse kaufen, sind aber innerhalb dieser Erlebnisse in unserem Handeln weitestgehend eingeschränkt. Ein möglicher Lösungsansatz sind "Sandbox-Spiele", in denen zwar die Grundmechaniken vorgegeben sind, der User aber selbst seine eigenen Welten erschaffen kann. Von der Komplexität können diese Systeme aber noch lange nicht mit der eines luziden Traumes mithalten. Es gibt verschiedene Zukunftsszenarien, um dieses Problem anzugehen. Die plausibelste Überlegung hat mit generischen Welten zu tun, welche komplett von einer künstlichen Intelligenz erstellt werden.

Für Immersion ist es wichtig, möglichst viele Sinne gleichzeitig mit in sich stimmigen Signalen zu versorgen. Heutige VR-Systeme können in den meisten Fällen lediglich den Sehnerv und das Gehör stimulieren. Auch wenn das die beiden wichtigsten Sinne für unsere Wahrnehmung sind, so sind unsere anderen Sinne nicht zu vernachlässigen, wenn es um eine komplette Immersion geht. In einem luziden Traum werden auch alle anderen Sinne angesprochen und stimuliert. Eine Steinwand *fühlt* sich in dieser Welt auch tatsächlich so an wie eine Steinwand. Eine Orange *schmeckt* wie eine Orange und ein frischer Apfelkuchen *riecht* nach einem frischen Apfelkuchen. Oder eben auch nicht. Interessant wird es, wenn der User aktiv mit diesen Phänomenen spielt und die Erfahrungen variiert. Was wenn er sich fest vorstellt die Orange schmeckt wie eine Zitrone, wenn er in die Orange beißt? Wird sie dann auch wirklich wie eine Zitrone schmecken? Oder wird das Feuer Minusgrade haben, wenn er durchläuft? All diese Sinne werden mit den modernen VR-Systemen noch nicht angesprochen. Allerdings gibt es verschiedene Entwicklungen, die genau dieses Problem erkannt haben und daran arbeiten. Es gibt eine Vielzahl an Möglichkeiten, Gerüche und haptisches Ganzkörper-Feedback sind nur einige Beispiele für die aktuelle Entwicklung.

Ein anderes Problem, das beim luziden Träumen auftritt, ist die Tatsache, dass man zwar während des Erlebnisses das volle Bewusstsein erlangen kann, aber sich häufig nicht mehr, oder nur in Teilen, an das Erlebte erinnern kann. Bei einem Erlebnis mit einem VR-System besteht diese Gefahr nicht.

Als Fazit gilt es festzuhalten:

Virtuelle Welten in luziden Träumen und virtuelle Welten, die mit Hilfe eines VR-Systems geschaffen werden, haben das Potential, unser reales Leben sowohl positiv als auch negativ zu beeinflussen. Beide Varianten haben dabei ihre eigenen Vor- und Nachteile. Es benötigt einiges an Erfahrung, um in das Thema luzides Träumen einsteigen zu können. Aber auch wenn die Einstiegshürde größer ist, als bei einem VR-System, so sind die Möglichkeiten, vor allem aus psychologischer Sicht, (noch) weitaus größer. Trotzdem können wir als VR-Entwickler einiges aus den Lehren des luziden Träumens lernen. Unser Wissen über aktuelle VR-Systeme beruht auf Erfahrungen von wenigen Jahren. Die Lehren des luziden Träumens reichen zurück bis vor Christus. So gab es schon in Aufzeichnungen von Aristoteles (340 v. Chr.) Gedanken über das Thema des luziden Träumens. Lasst uns dieses gesammelte Wissen auf unser neues Medium übertragen und dabei nicht vergessen, dass moderne VR-Systeme auch einige Vorteile gegenüber der Praxis des luziden Träumens haben, die wir zu unseren Gunsten nutzen können (leichterer Einstieg, bessere Kontrolle und jederzeit, nicht nur wenige Minuten oder Stunden pro Nacht, nutzbar).

OUTRO
ÜBER DEN AUTOR & DANKSAGUNG

ÜBER DEN AUTOR

Meine Leidenschaft für 3D-Art entdeckte ich während meines Landschaftsarchitekturstudiums. Als wir die ersten Kurse in CAD hatten und ich sah, auf was für einem Niveau die Modelle und Renderings derzeit waren, dachte ich: "Das kann ich besser". Und so schloss ich mich die nächsten zwei Semester in meinem Zimmer ein und brachte mir "Autodesk Maya" und diverse andere 3D-Programme bei. Resultat des Ganzen: Meine Modelle waren super, meine Studiumsnoten nicht. Also beschloss ich, mir ein Studium zu suchen, das zu meinen neuentdeckten Interessen passte. Die Wahl fiel auf den Studiengang "3D Art & Animation", der vom SAE Institute in Stuttgart angeboten wurde. Während des Studiums hatte ich auch meine erste Berührung mit VR (damals noch mit der Oculus DK1). Im Anschluss an mein Studium nahm ich dann die Stelle als Fachbereichsleiter eben dieses Studienganges in Köln an. Mein Fokus bei allen Projekten lag bei VR. Ich knüpfte viele Kontakte in der deutschen Gaming- und VR-Szene und nahm erste Aufträge an. Das erste kommerzielle Projekt war eine 360° Video Visualisierung für eine Messe. Ich schnappte mir einen meiner besten Studenten und zu zweit stemmten wir den kompletten 3-minütigen Film in gerade mal fünf Wochen. Es folgten mehrere kleinere VR-Projekte, wie die Visualisierung der Hochschule oder ein VR Car Configurator, wie ihn wahrscheinlich jeder zweite von den Lesern schon einmal gemacht hat.

Für das kölnische Stadtmuseum erstellte ich zwei virtuelle Kinosäle, welche dort in der Ausstellung "Großes Kino" über ein halbes Jahr zu betrachten waren und vielen Menschen als erster Berührungspunkt mit VR diente. Es handelte sich um den Nachbau der Astor Film Lounge in Köln.

Während dieser Zeit schrieb ich auch meine Bachelorarbeit über das Thema VR und Fitness. Das war für mich persönlich von besonderer Bedeutung, da ich zwei meiner Leidenschaften miteinander verknüpfen konnte. VR und Fitness. Zwei Branchen, die, meiner Meinung nach, enormes Wachstumspotential besitzen.

Das mit Abstand größte und erfolgreichste VR-Projekt dem ich mich bisher stellte, war die Entwicklung von "Viking Rage". Bis zu diesem Zeitpunkt hatte ich erst ein einziges Spiel entwickelt und veröffentlicht. Dabei handelte es sich um ein iOS Game mit dem Namen "Drago's Dream". Also ein Spiel, das denkbar wenig mit der Entwicklung eines ausgewachsenen VR-Vollpreistitels hatte. Auch die Teamgröße war eine komplett andere. Das erste Spiel stemmten wir zu dritt. Bei "Viking Rage" hingegen waren über die komplette Entwicklung hinweg mehrere dutzend Leute involviert, die alle koordiniert werden mussten. Alleine das war schon ein Fulltime-Job. Nach der erfolgreichen Veröffentlichung von "Viking Rage" mit "Headup Games" zusammen folgten einige VR-Auftragsarbeiten.

Während eines VR-Hackathon auf der "Digility" in Köln gelang es mir mit meinem Team zusammen, den ersten Preis in der Kategorie "Games" zu gewinnen. Wir nutzten einen Vive Tracker, um ein Schaukelpferd als Input Controller für einen Endless Runner zu bauen, in dem man einen Drachen in einer Fantasy Welt flog. Interessanter Nebeneffekt des Hackathons: Ich, und einige andere Teammitglieder, haben während der 24 Stunden mehr Jobangebote bekommen, als viele andere Leute, die verzweifelt seit Langem versuchen, einen Job in der Industrie zu ergattern. Und das, ohne überhaupt von dem PC aufzustehen. Derzeit besteht eine enorm große Nachfrage an VR-Entwicklern. Kompetente Fachkräfte werden gesucht und gebraucht. Dabei spielt es auch keine Rolle, ob "Unity" oder "Unreal". Wichtig ist, dass Projekte präsentiert werden können. Ein fertiges Game, welches im Idealfall auch noch ausgestellt oder veröffentlicht wurde, zählt viel mehr als irgendwelche Abschlüsse. Die Investoren/Auftraggeber brauchen die Sicherheit, dass du den Job erledigen kannst, für den sie dich benötigen. Und in den meisten Fällen weiß der Kunde auch noch gar nicht, was er denn eigentlich haben will. Vergiss nicht, du bist der Experten für Virtual Reality. Du hilfst dem Kunden, das Potential zu erkennen und vor allem auch richtig anzuwenden. Von uns gibt es (noch) nicht viele. Nutze die Chance, die sich uns allen derzeit bietet. Um mit den Worten von Steve Jobs zu enden: "Stay hungry, stay foolish!" Gerade in dieser neuen und spannenden Branche.

www.n-gon.cologne

DANKSAGUNG

Je mehr ich mich mit diesen faszinierenden virtuellen Welten beschäftige, desto dankbarer bin ich für all den Support, den ich im realen Leben (aka "Real Life") erhalte. Mein erster Dank gilt meiner Familie, ohne deren Unterstützung ich heute sicher nicht dort wäre, wo ich jetzt bin. Wie viele Eltern geben ihrem Sohn schon die Möglichkeit, sein Hobby zum Beruf zu machen? Selbst dann, wenn ein hohes finanzielles Risiko damit verbunden ist. Vom Zocker zum eigenen Entwicklerstudio. Daran habe nicht einmal ich geglaubt, als ich mit der Idee zu euch kam… Danke, dass ihr an mich geglaubt habt!

Ich hätte das auch nicht ohne meine Freundin geschafft. Ein erfolgreiches Studio neben einem Fulltime Job hochzuziehen, regelmäßig zu trainieren und nebenbei dann noch ein Buch zu schreiben, kann nur dann funktionieren, wenn man viel Support (und viel Verständnis) von seinem Partner bekommt. Ich liebe dich Julia!

Dann einen großen Dank an das komplette Team der SAE und besonders an meinen Manager Pit. Ohne euren Support hätte ich niemals so viele Erfahrungen im Bereich VR sammeln können. Ich will gar nicht wissen, wie viele Stunden ich insgesamt schon in unserem VR-Lab verbracht habe. Durch eure Hilfe und Ideen konnte ich sehr viel experimentieren und testen. Unter anderem auch, dass ein Rückwärtssalto mit einer VR-Brille nicht die beste Idee ist und zu sehr realen Verletzungen führen kann… Lesson learned :P

Da mir dieses Buch sehr wichtig ist, blieb mir überhaupt keine andere Wahl, als das Design des Buches in die Hände von Thomas zu legen. Du hast es auch diesmal wieder geschafft, meine Erwartungen zu übertreffen! Ohne deine Kontakte hätte ich auch nicht Patrizia kennengelernt, die einen großen Teil dazu beigetragen hat, diesem Buch den nötigen Feinschliff zu verleihen.

Und natürlich an Jonas und Robin. Ohne euch würde es kein N-Gon Entertainment geben. Danke, dass wir zusammen bereits so viele VR-Projekte realisieren konnten. Auf dass wir in Zukunft weiterhin einen wichtigen Beitrag zu der Entwicklung von VR beitragen können (und dabei in Zukunft hoffentlich weniger oft schlechte Musik hören).

Und zuletzt einen großen Dank an dich lieber Leser! Du bist der Grund warum ich dieses Buch geschrieben habe. Ich hoffe es konnte deine Erwartungen erfüllen. Wenn du Fragen oder Anregungen hast, freue ich mich sehr von dir zu hören. Du erreichst mich am besten per Mail: andreas@n-gon.cologne.

Printed in Germany
by Amazon Distribution
GmbH, Leipzig

16174428R00068